前　言

进入普通学校和特殊教育学校的孤独症谱系障碍学生（以下简称"孤独症学生"）越来越多，他们大部分在入学适应方面存在困难。东莞市康复实验学校自2014年建校以来就成立了致力于孤独症学生康复与教育的专门教学部门，在孤独症学生入学适应教育方面积累了丰富的经验，并于2021年成功申报了"广东省第一批特殊教育精品课程建设项目"——《孤独症谱系障碍学生入学适应课程》（2021tsjyjpkc13），该项目在东莞市残疾人联合会的支持和多位专家的指导下，顺利完成了开发与实践，取得了较好的成绩。

东莞市康复实验学校依托精品课程建设项目，开发了孤独症谱系障碍学生入学适应教育教师用书和学生用书，主要从社会适应、身心适应、生活适应、学习适应四个方面帮助学生更好地适应学校的学习和生活。

在社会适应方面，引导学生学习文明礼仪，提升他们与人交往的能力；在身心适应方面，帮助学生保持良好的情绪状态，使其逐渐了解和适应学校环境和生活；在生活适应方面，培养学生的自我照顾能力，帮助他们养成良好的习惯；在学习适应方面，教导学生遵守课堂常规，培养他们良好的学习习惯，让他们更好地融入学校的学习生活。

《孤独症谱系障碍学生入学适应教育》一书是我校教师多年孤独症入学适应教学经验的结晶。学生用书利用孤独症学生的学习优势，通过视觉化、情境化、生活化的特点，激发学生的学习兴趣，调动学习积极性。配套的教师用书清晰地阐述了各单元设计的意图、实施的策略、评价的方法等，具有较强的操作性和可实施性。

本书希望能为从事孤独症教育的学校和老师们提供有益的参考和启示。由于编写人员都是一线教师，专业水平有限，不当之处还请各位同行提出宝贵的意见和建议，以便我们不断改进和完善。

尹润枝

2024 年 6 月于东莞

孤独症谱系障碍学生入学适应教育

主　编：尹润枝

副主编：安红妍　肖艳林　麦敏婷

编　委：林美伶　李　卉　罗润旺　熊润仪　吴琼芳　辛丽芳
　　　　刁玲玲　吴锦莹　杜文海　陈楚颖　麦　晓　王　鑫
　　　　左少平　王少欢　王晓雯　陈铭熙　蔡　艳　姬广路
　　　　王莹钰　刘玉贞　杨嘉英　莫金辉　任思华　刘晓芳
　　　　徐健儿　尹佩雯　唐邦发　文　娜　魏丽娟　邓棪芬
　　　　蔡淑娟　李润锋　许　璐　何启强　王士杰　王　攀
　　　　林伟仪　许敏婕　黎白阳

重庆大学出版社

图书在版编目（CIP）数据

孤独症谱系障碍学生入学适应教育：教师用书／尹
润枝主编 . -- 重庆：重庆大学出版社，2024. 10.
（特殊儿童教育康复指导手册）. -- ISBN 978-7-5689
-4764-0

Ⅰ . G766
中国国家版本馆 CIP 数据核字第 2024H5Z064 号

孤独症谱系障碍学生入学适应教育
（教师用书）
GUDUZHENG PUXI ZHANG'AI XUESHENG RUXUE SHIYING JIAOYU
(JIAOSHI YONGSHU)

主　编：尹润枝
策划编辑：陈　曦

责任编辑：陈　曦　　版式设计：陈　曦
责任校对：邹　忌　　责任印制：张　策

*

重庆大学出版社出版发行
出版人：陈晓阳
社址：重庆市沙坪坝区大学城西路21号
邮编：401331
电话：（023）88617190　88617185（中小学）
传真：（023）88617186　88617166
网址：http://www.cqup.com.cn
邮箱：fxk@cqup.com.cn（营销中心）
全国新华书店经销
重庆市国丰印务有限责任公司印刷

*

开本：787mm×1092mm　1/16　印张：10　字数：259千
2024年10月第1版　　2024年10月第1次印刷
ISBN 978-7-5689-4764-0　　定价：98.00元（共2册）

目　录

第一部分　社会适应 / 1

　　一、我会说"你好" / 3

　　二、我会说"谢谢" / 7

　　三、我会说"对不起" / 11

　　四、我会看人 / 15

　　五、我会等待 / 19

　　六、我会排队 / 23

　　七、我会找人帮忙 / 27

　　八、我会帮助别人 / 31

　　九、我会合作 / 35

第二部分　身心适应 / 39

　　一、我的班级 / 41

　　二、我的饭堂 / 45

　　三、我的宿舍 / 49

　　四、我的老师 / 53

　　五、我的同学 / 57

　　六、我的保安 / 61

　　七、我开心 / 65

　　八、我会停止 / 69

　　九、我会放松 / 73

第三部分　生活适应 / 77

一、我会放水杯 / 79

二、我会放书包 / 83

三、我会找座位 / 87

四、我会站直 / 91

五、我会找校服 / 95

六、我会照镜子 / 99

七、我会用课程表 / 103

八、我会喝水 / 107

九、我会上厕所 / 111

第四部分　学习适应 / 115

一、我会安静坐 / 117

二、我会注意听 / 121

三、我会认真看 / 125

四、我会用笔 / 129

五、我会找书 / 133

六、我会整理书包 / 137

七、我会识数 / 141

八、我会识字 / 145

九、我会识图 / 149

第一部分

社会适应

一、我会说"你好"

对于"我会说'你好'"这一口语交际内容，我们精心挑选了教室、走廊和园艺园这三个学生熟悉的日常场景，旨在通过学校一日生活中的真实场景进行对话练习，引导学生初步掌握倾听的技巧、表达的方式与问好的礼仪。期望通过训练，学生能够深刻理解并运用"你好"这一简单的问候语，学习并掌握打招呼的技能，促进良好社交关系的建立和提升与他人交往的质量，从而逐渐养成文明礼貌的习惯。

教学分析

1. 能表达"你好"。
2. 能根据情境表达"你好"。

教学目标

动画视频、问好的场景图、强化物

教学准备

本课时的教学，巧妙地运用了学生喜爱的动画视频和本校高年级学生热情问好的视频片段作为课堂导入。既有效吸引学生的注意力，又使其专注力得以持久和稳定，更能通过视觉的冲击力，唤醒学生的记忆，帮助他们顺利过渡到新知识的学习。以此为学生营造了一个充满趣味和启发性的学习环境，为他们的学习之旅增添了色彩与活力。

教学建议

（一）学一学

教师活动	学生活动	设计意图
教师看着学生，面带微笑，主动和学生说"你好"，引导学生说出"你好"。	学生在教师的引导下，掌握了说"你好"的技巧和时机。	能够理解文明礼貌在人际交往中的重要性，将其内化为自身的行为习惯。

注意事项：

1. 教师要主动问好，保持热情，并让学生感受到。

2. 引导学生说"你好"时看着对方的眼睛，神态自然。

3. 设立奖励机制，对于那些能够见到认识的人立刻礼貌地说出"你好"的学生，给予肯定与奖励。

教学建议

（二）练一练

教师活动	学生活动	设计意图
请助教教师提前在走廊耐心等候，以便为学生们营造一个真实的出门见到教师的场景。随后，教师将邀请学生们逐一进行练习，要求他们在见到认识的人时能够主动、大方地说出"你好"。	在教师的提示下，学生们走出教室、积极参与活动、练习说"你好"。	创设相遇的情境，让学生在实践中真切地感知到何时何地应该主动表达问候，从而强化问候技能的习得。

注意事项：

1. 课前，准备"你好"的图卡，由助教教师在课堂上适时展示，以视觉提示方式提醒并引导学生们积极表达这一问候语。

2. 在教学过程中，教师始终关注学生的表达情况，适时引导他们主动、自然地运用"你好"。通过不断引导和鼓励，学生们逐渐从被动接受转变为积极表达。

3. 在教授问候礼仪时，教师要特别强调对视和挥手动作的重要性。通过教师的亲身示范和细致讲解，让学生们学会结合表情和肢体动作表达出"你好"。

4. 在本课中，教师通过变换真实且熟悉的问好对象，增强学生的问好技能，逐步撤出辅助，再到让学生能主动表达"你好"，进而泛化场景或人员。

（三）做一做

教师活动	学生活动	设计意图
在一次参观学校园艺园的途中，学生们意外地遇到了A教师。此时，教师迅速抓住机会，引导学生们集体或个别地主动走上前去，挥挥手并热情地说"你好"。	学生抬起头，直视着A教师，轻轻挥动手臂，用清脆的声音说道："你好！"	在充满生活气息的环境中创设丰富多彩的学习情境，让学生在熟悉的场景中自然融入学习，使学习变得更加生动、有趣且富有实际意义。

注意事项:

1. 为了确保学生能够在真实、自然的情境中学习,教师特意安排了一次游园活动,事先并未告知学生会遇到 A 教师。旨在创设一个真正"遇见"的场景,让学生在毫无准备的情况下,学会如何主动、自然地与熟人打招呼。

2. 在游园活动开始前,教师强调在打招呼时,眼睛和手应该如何配合。教师希望通过具体的指导和示范,帮助学生掌握正确的社交礼仪。

3. 为了帮助学生更好地理解和记忆,教师可借助视觉提示,如图卡等。随着学生对这一技能的逐渐掌握,教师将逐步撤掉这些辅助工具,让学生在实践中不断提高社交能力。

(四)泛化

教师引导学生,无论是在人很多的食堂,还是在空旷的操场,遇见认识的人时,都要热情地打招呼。遇到同伴说"你好",遇到长辈说"您好"。

姓名		日期:			
评价内容		完成情况			
		动作协助	口头提示	独立完成	其他协助方式
眼睛看	能够在说"你好"时,保持眼神对视				
挥挥手	能够在说"你好"时,做出挥手动作				
主动说	能够在见到朋友后立即说出"你好"				
泛化	能在不同的情境中主动说"你好"				
备注:完成情况中请用 1—3 表示,其他协助方式可根据学生实际情况填写。(1- 不需要;2- 偶尔;3- 经常)					

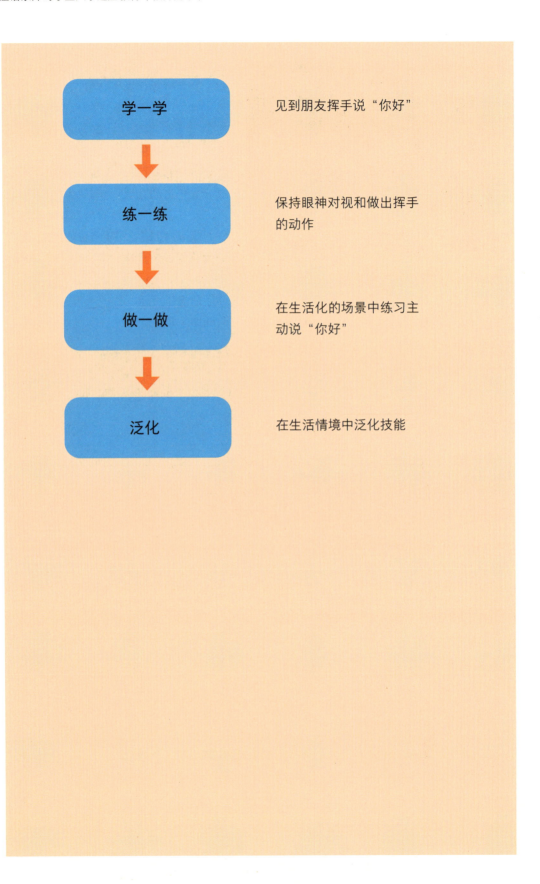

学一学　　见到朋友挥手说"你好"

练一练　　保持眼神对视和做出挥手的动作

做一做　　在生活化的场景中练习主动说"你好"

泛化　　在生活情境中泛化技能

二、我会说"谢谢"

"我会说'谢谢'"这一课，巧妙地以生活场景为背景，通过图文结合的形式，展现日常生活中的三个典型场景，贴近学生生活实际，易于引发他们的共鸣与参与。在课堂上，教师引导学生深入这些场景，通过模拟对话、角色扮演等形式，进行对话练习。通过练习，学生们不仅学会了如何倾听、表达和交流，更重要的是，他们学会了在得到他人帮助后，能够主动、真诚地表达"谢谢"。

1. 能表达"谢谢"。
2. 能根据情境表达"谢谢"。

动画视频、场景图、水杯、书包、玩具、小圆凳、强化物

教师挑选与生活场景紧密相连的视频，通过真实、生动的画面，迅速调动起学生的学习动机，让他们能够全身心地投入课堂。视频不仅有助于吸引学生的注意力，使他们能够保持高度的专注，而且通过视频中的生活场景展示，能够激发学生的沟通欲望，引导他们积极思考如何在不同情境中与他人有效交流。

（一）学一学

教师活动	学生活动	设计意图
教师创设轮流玩玩具的场景，A 学生把玩具给 B 学生，教师引导 B 学生做出正确回应。	在教师的引导下，学生能在不同情境中恰当地说出"谢谢"。	培养学生的文明礼仪素养，通过不断的引导和训练，让学生逐渐养成懂礼貌的好习惯。

注意事项：

1. 挑选与学生实际生活紧密相关的视频素材，以他们熟悉的校园（班级）场景或动画人物为主，吸引学生注意，激发他们的学习兴趣。

2. 在分解图卡时，教师特别注重强化图中展现的"帮助"动作，如"背书包"的动作等。通过圈出或凸显关键部位，帮助学生更加有效地理解"帮助"的含义，从而加深对礼仪行为的认知。

3. 为了让学生更加清晰地理解，教师可使用动图呈现分解后的图卡，生动地

教学建议

展示动作过程，帮助学生更加直观地理解帮助行为的细节，提升学习效果。

4. 本课中的"他人"指的是学生生活中所熟知的各类人物，如教师、父母、同伴或动画人物等。通过学习和实践，学生将学会在得到这些人物的帮助时，及时表达感激之情，养成文明礼貌的好习惯。

（二）练一练

教师活动	学生活动	设计意图
教师创设场境：学生们刚刚做完运动，很口渴，A学生拿水杯给B学生，教师引导B学生正确回应。	学生在教师的提示下说"谢谢"。	通过实践活动，学生们不仅能学会如何在实际情境中表达自己的需求，也能在互动中培养感恩的心。

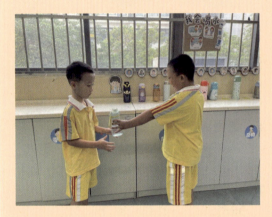

注意事项：

1. 为了加深学生对"谢谢"礼貌用语的理解与运用，教师提前准备"谢谢"的图卡。在教学过程中，助教教师根据情境即时展示这些图卡，以此提醒并引导学生适时地表达感谢。

2. 在引导学生表达感谢时，教师特别注重培养他们的主动性。教师耐心指导学生在表达感谢时，要与对方有眼神交流，以显示出真诚与尊重。同时，教师还会不断提醒学生，在说出"谢谢"时，要确保眼睛与对方对视，这样的表达方式更加得体、有效。

3. 为了确保每个学生都能得到充分的练习机会，教师会在每节课中轮流挑选不同能力的学生练习表达"谢谢"。通过在不同场景中反复练习，让学生逐渐掌握这一礼仪用语，并在日常生活中运用。

（三）做一做

教师活动	学生活动	设计意图
教师创设一个情境，A学生帮B学生穿鞋子，教师引导B学生说出"谢谢"。	学生在教师的提示下说"谢谢"。	在生活化的环境中让学生更加深入地理解知识，并在实践中逐渐掌握其应用技巧。

注意事项：

　　1. 在模拟情境时，教师需要准备学生日常生活中常用的物品和玩具，确保这些物品贴近学生的生活实际，能够引发他们的共鸣。练习过程中，应优先使用实物模拟，以增强真实感和代入感。

　　2. 在选择模拟情境时，教师应确保情境与教室内的区域布局相契合。例如，在练习拿水杯时，可以选取教室内的喝水区作为练习地点，让学生在熟悉的环境中练习。通过这种方式，逐步培养学生在校期间的规则意识，使他们能够在不同的场景中自觉遵守规则。

　　3. 在模拟情境的练习过程中，教师可以通过一问一答的方式引导学生主动说出"谢谢"。学生无法完成时，教师应及时给予辅助和语言提示，帮助学生理解并完成活动情境中的互动。通过完整的演示练习，让学生掌握礼仪用语的使用时机和方式。

（四）泛化

　　教师在课间休息、午休以及课堂上，每当遇到适宜表达感谢的情境时，抓住时机提示学生说出"谢谢"。通过潜移默化，教师逐渐引导学生将礼貌用语融入日常生活，并在实践中不断巩固和深化所学知识。这样既可以提升学生的文明素养，又能在无形中促进师生之间的情感交流。

姓名		日期：			
评价内容		完成情况			
		动作协助	口头提示	独立完成	其他协助方式
眼睛看	能在说"谢谢"时，一直保持眼神对视				
找准对象	能知道是谁帮助了"我"，找准对象说"谢谢"				
主动说	能在得到帮助后立即说出"谢谢"				
泛化	能在不同的情境中说出"谢谢"				
备注：完成情况中请用 1—3 表示，其他协助方式可根据学生实际情况填写。 （1-不需要；2-偶尔；3-经常）					

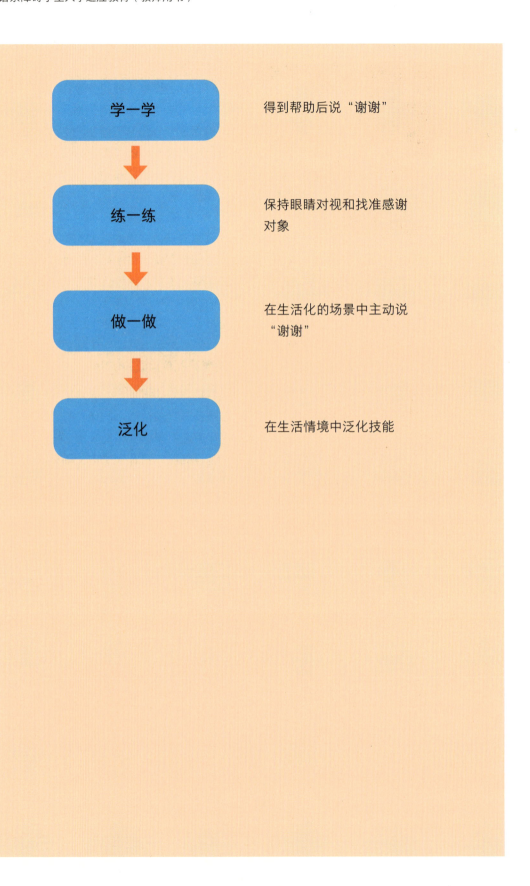

学一学　　　　得到帮助后说"谢谢"

练一练　　　　保持眼睛对视和找准感谢
　　　　　　　对象

做一做　　　　在生活化的场景中主动说
　　　　　　　"谢谢"

泛化　　　　　在生活情境中泛化技能

三、我会说"对不起"

教学分析

本课利用三组图描绘了教室内冲突发生后学生间展开的真诚互动与对话。主题鲜明突出，表述言简意赅。第一幅图生动地描绘了不小心撕毁同桌作业本的情景，通过展现道歉的言辞，为学生提供鲜活的学习范例。另外两组图挑选了教室内常见的冲突场景，展示了道歉的恰当方式，旨在引导学生懂得在犯错时勇于说出"对不起"，从而养成使用礼貌用语的良好习惯，进而提升孤独症学生的社会交往能力。

教学目标

1. 能表达"对不起"。
2. 能根据情境表达"对不起"。

教学准备

动画视频、课件、作业本、书包、玩具、强化物

教学建议

本课中，教师以动画视频作为导入，让学生们初步了解并认识礼貌用语"对不起"的重要性。通过动画，学生们能够直观地感知到"对不起"这一用语在日常生活中的运用场景，从而对其产生初步的感知和认识。

（一）学一学

教师活动	学生活动	设计意图
教师创设 A 学生不小心撕坏 B 学生作业本的情境，引导 A 学生说出"对不起"。	学生在教师的提示下说"对不起"。	帮助学生养成良好的文明习惯，懂得在人际交往中有礼貌。

注意事项：

1. 为了更好地激发学生的学习欲望，教师应选择更贴近学生日常生活的场景，可以聚焦于学生熟悉的校园场景，如教室、操场等，这样不仅能吸引学生的注意力，还能使教学内容更加生动有趣、易于理解。

2. 教师强调关键细节，例如，在"碰掉书包图"中，教师可以使用电子白板等工具，圈出书包掉在地上的画面，并突显对方哭泣的表情。这样能够帮助学生更加有效地理解"犯错"的概念，

教学建议

加深他们对这一行为后果的认识。

3. 教师还可以引导学生通过观察他人的表情来判断自己是否做错了事。这一技巧不仅能帮助学生及时发现并纠正自己的错误行为，还能培养他们的观察力和同理心，使他们在与人交往中更加成熟、体贴。

（二）练一练

教师活动	学生活动	设计意图
教师创设场景，A 学生不小心把 B 学生的书包弄到地上，教师引导 A 学生说"对不起"。	学生在教师的提示下说"对不起"。	学生们能够自然地表达出"对不起"，从而加深对道歉重要性的理解和记忆。

注意事项：

1. 为了确保学生们能够熟练运用"对不起"这一礼貌用语，教师应提前准备"对不起"的图卡，由助教教师在关键时刻及时提醒学生正确表达。

2. 在教学过程中，教师应注重引导学生主动表达歉意，并提醒他们在道歉时要保持眼神交流，真诚地说出"对不起"。这种指导有助于学生养成良好的道歉习惯，提高他们的社交技巧。

3. 教师可以借助多种相类似的场景，每节课轮流挑选能力不同的学生逐步练习说"对不起"。这样不仅能确保每位学生都有机会得到练习，还能在练习中不断提升他们的道歉技巧和社交能力。

（三）做一做

教师活动	学生活动	设计意图
教师创设情境，A 学生不小心弄哭 B 学生，教师引导 A 学生说"对不起"。	学生在教师的提示下说出"对不起"。	在生活化的环境中创设情境进行学习。

教学建议

注意事项：

1. 教师在模拟情境时，需准备学生日常活动中常用、常玩的物品，并优先采用实物进行练习，以确保学生能够在真实、贴近生活的环境中学习和体验。

2. 在碰掉书包的情境练习中，应选择教室内的书包区作为练习地点，以便在潜移默化中帮助学生建立在校期间的规则意识，增强他们对环境的认知和适应能力。

3. 在模拟情境的练习过程中，教师应采用一问一答的方式，循循善诱地引导学生说出"对不起"。

（四）泛化

教师在课间、午休及课堂上，时刻关注学生的行为表现。一旦发现学生做错事，应及时给予提示，并引导学生练习表达歉意。通过这种方式，教师逐渐渗透学习的重要性，让学生在日常生活中不断练习和巩固，进而养成良好的行为习惯和社交礼仪。

教学评价

姓名		日期：			
评价内容		完成情况			
		动作协助	口头提示	独立完成	其他协助方式
眼睛看	能够在说"对不起"时，一直保持眼神对视				
找准对象	能够知道是对谁做错事了，找准对象说"对不起"				
主动说	能够在做错事后立即说出"对不起"				
泛化	能在不同的情境中说"对不起"				
备注：完成情况中请用 1—3 表示，其他协助方式可根据学生实际情况填写。（1-不需要；2-偶尔；3-经常）					

教学思路

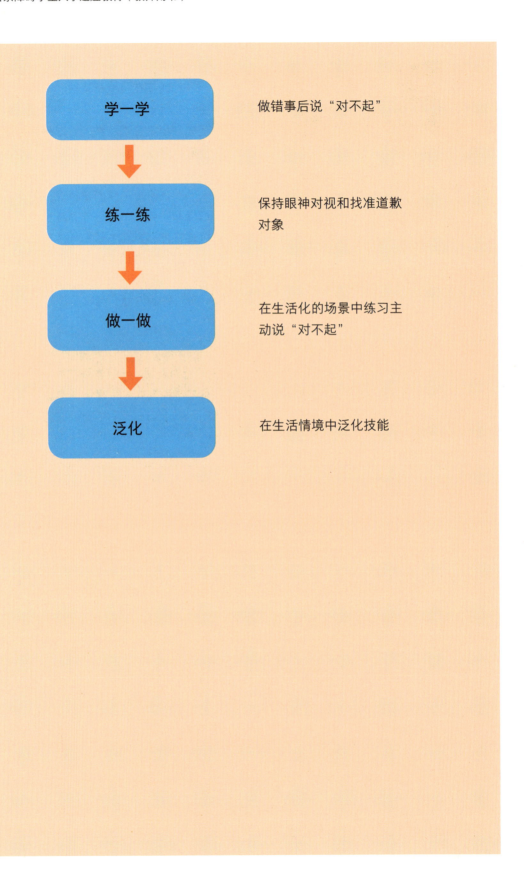

学一学	做错事后说"对不起"
练一练	保持眼神对视和找准道歉对象
做一做	在生活化的场景中练习主动说"对不起"
泛化	在生活情境中泛化技能

四、我会看人

教学分析

孤独症学生常常倾向于避免与他人的目光接触，这导致他们难以通过观察他人的面部表情来感知情绪，也不太擅长记忆他人的脸部特征，因此往往对身边的人的外貌特征不够熟悉。针对这一特点，本节课的教学内容设计充分考虑了学生的身心发展规律，通过一系列逐层递进的教学活动，旨在引导学生逐渐学会与他人对视，懂得在与他人说话时专心看、用心听。

在教学过程中，教师将着重培养学生的视觉记忆和追随能力，引导他们尝试与不同的人进行交流对视。通过这些活动，不仅能够增强学生对他人脸部特征的记忆，还能够让他们逐步掌握与他人交流时需要注意的社交礼仪。这种教学方法有助于孤独症学生更好地适应学校的学习生活，促进他们社交能力的发展。

通过本节课的学习，教师期望学生能够逐步克服目光回避的习惯，学会在交流中与他人建立眼神联系，从而提高他们的社交互动能力，为未来的学习和生活打下基础。

教学目标

1. 能听从指令看人。
2. 交流时能看对方的脸。

教学准备

强化物如薯片等

教学建议

本课中，教师巧妙地利用学生喜爱的强化实物来吸引他们的注意。起初，将强化物摆放在教师面前，以此拉近学生看老师的视距，聚焦关注视角。随着教学的深入，教师逐步移除强化物，鼓励学生延长与教师对视的时间，也可根据学生维持对视的时间长短，逐渐减小强化物的体积，提升学生与教师的眼神交流的能力。

在教学过程中，教师采用多种提示方式，引导学生从"看到老师"到"与老师对视"的进阶，逐渐延长与他人对视的时间。通过这种方式，学生不仅能够更好地专注于教师的讲解，还能在互动中提升社交能力，为后续的学习和生活打下基础。

（一）学一学

教师活动	学生活动	设计意图
教师挑选学生喜欢的薯片，将其放置在自己脸部的正前方，然后温柔地对学生说："看。"当学生的目光被薯片吸引并停留时，教师迅速而自然地移开薯片，并微笑着对学生说："你好。"	学生跟随提示看到薯片，并在移除薯片后，维持与教师对视。	培养学生与教师对视的意识，让学生初步感知交流时要看对方的脸。

教学建议

注意事项：

1. 为了确保视线交流的顺畅和自然，教师在开始时应坐在与学生同一高度的位置上，这样可以确保双方能够平视，有助于建立起良好的互动关系。

2. 对于那些能够维持与教师对视的学生，教师应迅速给予奖励，以强化这一积极行为，并鼓励更多的学生参与到活动中。

3. 在教学的初期阶段，当学生能够瞬间与教师建立对视时，教师应立即给予奖励，以维持和强化关注事物的目标行为。随着教学的深入，教师可以逐步要求学生延长对视的时间才给予奖励。当学生能够与教师持续对视 10 秒以上时，教师可以考虑缩小强化物的面积，比如只用一片薯片作为奖励，以进一步提高学生的注意力和对视能力。

（二）练一练

教师活动	学生活动	设计意图
教师首先用手轻轻指向自己说："同学们，看老师。"以此引导学生将注意力集中在自己身上，并主动对视。随后，教师会进行一些简单的肢体动作，如举手、挥手等，并邀请学生模仿这些动作，同时鼓励道："看老师，做一样的。"	当学生听到教师的声音时，他们能够迅速地将目光转向教师与其对视，并积极跟随教师的动作，模仿并做出相同的动作。	提升学生（持续）看人的时长，通过逐步增加对视的时间和难度，帮助学生更好地掌握与他人交流的技巧。

注意事项：

1. 在教学初期，教师与学生保持较近的距离，并坐在学生的对面，以便学生能够迅速捕捉到教师的视线，进而与教师对视。

2. 一旦学生开始与教师对视，教师立即给予口头表扬，以增强学生的自信心和兴趣，鼓励他们继续保持良好的对视习惯。

3. 如果学生在对视方面的意识还不够强烈，教师应适当地给予肢体协助。

（三）做一做

教师活动	学生活动	设计意图
教师可以适时地更换对视的人，如让两个学生对视。	学生在和不同的人交流时，主动看人。	增强学生的适应能力，提升学生的对视技巧和社交能力。

注意事项：

1. 当学生之间进行对视练习时，教师可以先站在学生的背后给予适当的辅助，确保他们能够正确地对视。

2. 若发现学生的对视意识较为薄弱，教师可以巧妙地再次引入学生感兴趣的强化物，以此来激发他们的兴趣和参与度。

3. 为了更好地延长学生对视时间，教师可以将强化物给予维持对视时间更长的一方。这样不仅能够激发学生的积极性，还能让他们在对视训练中不断挑战自我，取得更大的进步。

（四）比一比

教师活动	学生活动	设计意图
教师的视线始终与学生保持同一水平，轮流与学生进行问候和对视练习。	学生听到教师的声音后能与教师对视并尽可能维持更长的时间。	提升学生的对视能力、社交技巧和专注力，建立良好的师生关系。

注意事项：

1. 教学中，教师应主动选择有利于与学生对视的位置，确保不会因距离过远而导致学生难以集中视线。

2. 若发现学生的对视意识较为薄弱，教师可以巧妙地再次引入学生感兴趣的强化物，以此来激发他们的兴趣，提高他们的参与度。

3. 一旦学生能够稳定地维持对视状态，教师可以适时地增加一些简单的手势动作，引导学生跟随模仿，从而进一步提升他们的注意力和模仿能力。

（五）泛化

教师应有计划地切换熟悉的场域，泛化不同的交流对象，巩固并迁移学生看人的能力。在这个过程中，教师引导学生跟随声音与他人建立对视，鼓励他们主动发起交流，并逐渐延长对视的时间。通过这样的实践活动，学生不仅能够提升社交能力，还能增强自信心。

教学评价

姓名		日期：			
评价内容		完成情况			
		动作协助	口头提示	独立完成	其他协助方式
时间	对视时间持续 ≤ 10 秒				
	对视时间持续 > 20 秒				
人员	与授课教师对视				
	与同学对视				
方式	能在听到声音后与他人对视				
泛化	与非本班的人对视				

备注：完成情况中请用 1—3 表示，其他协助方式可根据学生实际情况填写。
（1- 不需要；2- 偶尔；3- 经常）

教学思路

学一学	对视辅助手段从有到无
练一练	对视方式由单一到多样
做一做	对视距离由近到远
比一比	对视时间由短到长
泛化	在生活情境中泛化技能

五、我会等待

　　孤独症学生常常没有时间观念，更缺乏自控力，这导致他们难以理解等待的概念，也不太擅长在等待时安排合适的活动。长时间的等待往往会使他们感到焦虑，进而通过各种行为来寻求自我刺激，如争抢、哭闹或表现出烦躁情绪等。在集体游戏中，他们因为不懂等待，往往难以遵守轮流规则，影响了他们的社交质量。

　　针对这些特点，教师特别设计了本节课的教学内容，通过形式多样的教学活动，帮助学生逐渐感知和理解等待的概念。教师注重引导学生学习在等待时需要遵循的社交礼仪，学会控制自己的情绪，并尝试理解时间的概念。通过逐步延长学生可等待的时间，帮助他们减少因等待而产生的不良行为，从而提升他们的自控能力。

　　本课的教学设计不仅有助于孤独症学生更好地适应学校的学习生活，还为他们未来的发展奠定了基础。教师期待通过教学，增强学生的耐性，提升学生的自我管控力，强化学生等待轮候的技能，进而促进学生融入集体，享受学习和游戏的乐趣。

　　1. 能听从指令等待。
　　2. 在不同的情境中，学会等待。

　　计时器、课件、强化物

　　教师巧妙地利用课件、计时器等工具，将时间概念以直观、可视化的方式呈现给学生，帮助他们更好地理解并掌握时间观念。

　　在教学过程中，教师结合日常生活中的情境，如排队、等红绿灯等，逐步引导学生学会等待轮候，并能逐渐延长等待的时间。通过模拟实际场景，让学生能够将在课堂上学习的等待技能泛化到不同的生活情境中，掌握多种等待方式，并学会保持耐心。

　　这种教学方式不仅有助于提升学生的自控能力，还能帮助他们更好地适应学校的学习生活。通过不断的练习和引导，学生将逐渐掌握等待的社交礼仪，减少因不能等待而产生的问题行为。

（一）学一学

教师活动	学生活动	设计意图
教师拿着薯片，走到学生面前，提醒他们坐好并保持端正的坐姿。随后，教师打开屏幕计时器，向学生解释："计时器会记录并提示等待的时间，只有那些能够耐心等待、不乱跑、保持安静的同学，才能获得薯片奖励。"	学生们安静地坐在自己的座位上注视计时器。在规定的时间里，保持着良好坐姿。	培养学生等待时保持安坐的意识，并让学生初步感知时间的长短，从而锻炼他们的耐心。

教学建议

注意事项：

1. 在设计等待时间时，教师应根据学生的能力水平进行个性化的调整，初始的等待时间不宜过长，以免让学生感到初始挫败。

2. 计时器的选择至关重要，它必须显眼且易于学生理解。除了传统的数字计时器外，教师还可以使用沙漏计时器，让学生更直观地感受时间的流逝。此外，通过播放动画片或音乐，也能帮助学生更好地掌握时间的长短。

3. 等待时间结束时，教师应迅速给予学生奖励，以强化他们的积极行为。对于未能达到要求的学生，教师要给予耐心的解释和安抚，帮助他们理解并改进自己的行为。

4. 如果学生在安坐方面存在困难，教师可以适当降低要求，即学生能够坐在椅子上并保持安静，即可视为完成了等待任务。循序渐进的训练既能增强学生的成就感，树立自信心，也能强化他们的自控力，从而内化技能，促进社交。

（二）练一练

教师活动	学生活动	设计意图
教师拿一套色彩鲜艳、深受学生喜爱的玩具说："大家看，这套玩具多么有趣啊！但同学们要一起分享，轮流玩哦。"随后，教师邀请一名学生第一个玩，并告诉他："你可以先玩1分钟，记得要珍惜时间哦。"	在规定时间内自由玩或探索玩具玩法。	培养学生的等待意识，让他们学会分享并能尊重他人。

注意事项：

1. 在活动起始阶段，教师应详细讲解玩玩具的规则，并强调不能抢夺玩具。

2. 为了让学生更直观地感知时间的流逝，教师可以将计时器放置在学生的桌子前方，让他们能够近距离地观察和体验时间的长度。

3. 为了更好地组织活动，教师可以设置一个玩玩具的顺序卡，让学生清楚地知道何时轮到自己。对于能力较强的学生，教师可以适当延长他们的等待时间。

（三）做一做

教师活动	学生活动	设计意图
教师向学生讲解过马路的规则：红灯停，绿灯行。并请学生排队轮流过马路。	学生排队在斑马线前站好，根据指示灯过马路。	利用生活中的情境，提高学生的自控能力，便于他们更好地适应社会生活。

注意事项：

1. 教学生过马路时，教师首先要让他们明确红灯和绿灯分别代表的含义及对应的行为。红灯亮起时，意味着需要停下脚步等待；而绿灯则代表着可以安全通过。让学生逐渐形成正确的交通规则意识。

2. 在实际操作中，教师可以先组织学生进行集体过马路的活动，让他们在实践中感受并熟悉这一流程。随后，为了锻炼他们的独立性和观察能力，教师可以请学生轮流单独过马路，教师在旁指导，确保安全。

3. 对于那些能够认真观察交通信号灯、安全过马路并在等待过程中保持安静不乱跑的学生，教师应给予及时的强化物奖励，以鼓励他们继续保持良好的行为习惯。这样的奖励机制不仅有助于提升学生的自我约束能力，还能让他们在实践中逐渐内化交通规则，确保自身安全。

（四）泛化

教师可以巧妙地在学校日常生活中的不同活动，如上洗手间、喝水、做操等，设置等待的环节，让学生在这些日常活动中逐渐加深对等待的理解。通过这种方式，学生能够在日常生活中不断实践和体验等待，从而更加深入地理解等待，学会在需要等待的时候保持耐心、遵守秩序。这不仅有助于提高学生的自我控制能力，还能够为他们未来的学习和生活奠定坚实的基础。

姓名		日期：			
评价内容		完成情况			
		动作协助	口头提示	独立完成	其他协助方式
时间	能在座位上安坐1分钟				
	能在座位上安坐至少3分钟				
情境	红灯时能站在原地等待				
	绿灯时能独立走过马路				
行为	等待时无不良行为（叫喊、走动等）				
泛化	喝水、上洗手间时能听从指令等待				
备注：完成情况中请用1—3表示，其他协助方式可根据学生实际情况填写。（1-不需要；2-偶尔；3-经常）					

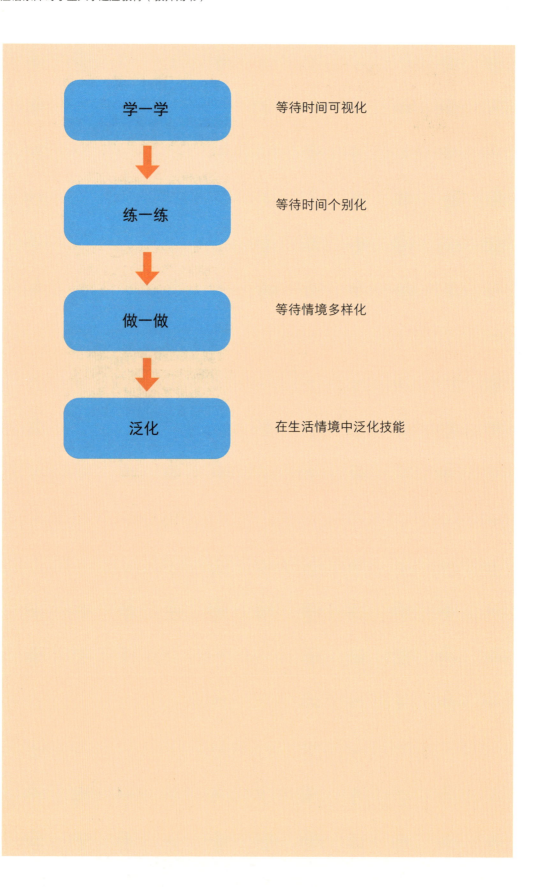

学一学 —— 等待时间可视化

练一练 —— 等待时间个别化

做一做 —— 等待情境多样化

泛化 —— 在生活情境中泛化技能

六、我会排队

教学分析

　　孤独症学生在空间感知和秩序感方面存在不足，这导致他们在排队时往往难以保持对齐，也不懂得如何跟随前一个同学的步伐站在适当的位置。因此，排队过程中容易出现随意站位、队形散乱等情况。针对这一问题，教师结合学生的身心发展特点，精心设计了本节课的教学内容。通过逐层递进的教学活动，引导学生逐步掌握排队时的正确站姿，学会在排队时注意观察，并掌握对齐的技巧。同时，教师还尝试采用多种排队方式，以帮助学生更好地掌握排队的方法，满足日常活动中的排队需求，帮助学生更好地适应学校的学习生活。

教学目标

　　1. 能听从指令排队。
　　2. 在不同的情境中，学会主动排队。

教学准备

　　强化物

教学建议

　　本节课，教师巧妙运用视觉提示，通过在排队位置粘贴鲜明的脚印和图案等，为学生指明排队时应当站立的位置，帮助他们直观地理解排队的顺序。在起初学习时，考虑到孤独症学生的特点，可以提示他们轻轻拉住前面同学的衣服，以便跟随前行。等学生逐渐熟悉排队流程后，再逐步减少视觉提示，进一步锻炼他们的对齐能力，并鼓励他们尝试不依赖拉衣服，而是主动跟随队伍前行。通过这种循序渐进的教学方式，教师将帮助学生逐步掌握排队技巧，适应学校的日常活动需求。

（一）学一学

教师活动	学生活动	设计意图
教师站好，说"排队"，提示学生们离开座位，引导他们走向地面上的脚印标识。	学生听到"排队"的指令，便迅速起身，准确无误地走到指定的脚印位置。	不仅能够提升对"排队"指令的响应速度，还能够更加清晰地认识到排队时的行为要求和注意事项。

注意事项：

　　1. 在教学的初始阶段，教师采用直接点名的方式，让学生听从指令排队。等学生们逐渐熟悉并掌握后，教师向全体学生统一发出"排队"指令，以检验并巩固学生的排队能力。

2. 在排队的过程中，教师特别强调学生应严格站在指定的脚印上，不得随意走动。这一要求旨在帮助学生养成规矩、遵守秩序，同时也有助于确保排队的整齐有序。

3. 对于那些能够迅速并准确地站到指定位置的学生，教师应及时给予奖励，以激励他们继续保持这一良好的表现。这种奖励机制不仅有助于提高学生的积极性，也有助于促进整个班级排队效率的提升。

（二）练一练

教师活动	学生活动	设计意图
教师站在走廊，说道："排队了。"引导学生们迅速而有序地走到指定的位置，并采用轻拉前面同学衣服的方式站好。	学生们在听到教师的指令后，准确地站到指定的位置，并自觉地双手拉住前面同学的衣服。	培养学生的秩序感和协作精神，为他们日后的学习和生活打下基础。

注意事项：

1. 初始阶段，教师首先让学生们原地练习拉衣服的动作，确保他们能够熟练掌握拉衣服不放手的动作并维持这种状态。等学生们理解和掌握这一动作后，教师再逐步引入排队行走的练习，以帮助他们逐步适应并掌握整个排队流程。

2. 在练习过程中，教师提醒学生要拉住衣服的下摆，避免去拉同学的衣领，以确保排队过程中的安全和秩序。这一细节，不仅体现了教师对学生安全的重视，也有助于培养学生的团队协作意识和相互尊重的品质。

3. 刚开始进行排队行走时，教师可以放慢速度，给学生们足够的适应时间。随着学生们逐渐适应并掌握排队行走的技巧，再逐步加快速度，提升他们的排队效率。这样的方式，有助于学生们更好地掌握排队技能，并在学习和生活中应用。

（三）做一做

教师活动	学生活动	设计意图
教师创设排队测体温的情境，引导学生们有序地排队和耐心等待。	学生寻找指定的测温点并排队站好，当前方同学完成测温后，他们主动走上前，保持队伍的连贯性和稳定性。	通过不断的练习和巩固，学生们逐渐形成良好的排队习惯，并在日常生活中自觉遵守排队规则，展现出文明有礼的形象。

注意事项：

1. 在不同的情境中，教师会根据实际需求灵活决定是否要求学生拉衣服。这样既能保证学生的安全，又能培养他们的独立性和自主性。

2. 当学生在排队过程中发现前方无人时，教师会及时提醒他们迅速补位，以确保队伍的连续性和完整性。同时，教师鼓励后方同学主动向前移动，培养他们的团

教学建议

队意识和协作能力。

3. 对于在排队时能够遵守纪律、表现良好的学生，教师及时给予强化奖励，以激励他们继续保持这种良好的行为习惯。这样的奖励机制不仅有助于提升学生的积极性，也有助于营造一个更加和谐、有序的排队环境。

（四）泛化

为了进一步增强学生对排队指令的熟悉度和主动跟随的意识，教师可以积极与其他教师沟通合作，邀请他们在上课时也发出排队的指令。这样，学生在不同的课堂上都能听到并响应排队的指令，从而加深对这一行为规范的印象和理解。

此外，教师还需将排队训练延伸到日常的各种情境中，如放学、上洗手间、做操等。在这些实际场景中，通过反复训练和实践，让学生掌握排队的技巧和规则，形成自觉遵守排队秩序的良好习惯。

同时，教师还应注重培养学生的主动跟随意识。在排队过程中，教师要引导学生主动跟随前方同学的步伐，保持队伍的整齐和稳定。对于表现出色的学生，教师要及时给予鼓励和奖励，以激发他们的积极性和自信心。

教学评价

姓名		日期：			
评价内容		完成情况			
		动作协助	口头提示	独立完成	其他协助方式
服从	听到"排队"指令后，能站到指定位置				
	排队时能站在脚印上				
行为	排队时能站着不离开				
	排队时能双手拉住前面同学的衣服				
跟随	排队行走时能对齐前面同学，有序前进				
泛化	无视觉提示下排队时能站好并对齐				

备注：完成情况中请用1—3表示，其他协助方式可根据学生实际情况填写。（1- 不需要；2- 偶尔；3- 经常）

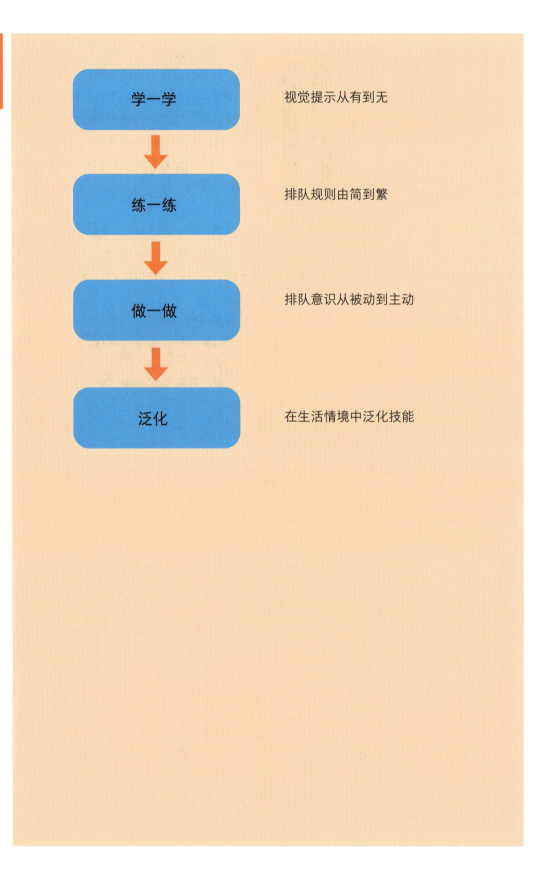

教学思路

学一学 → 视觉提示从有到无

练一练 → 排队规则由简到繁

做一做 → 排队意识从被动到主动

泛化 → 在生活情境中泛化技能

七、我会找人帮忙

教学分析

孤独症学生较难发起主动社交。当面临困难或问题时，他们往往倾向于采用不恰当的方式或问题行为来尝试沟通，而非采用有效的沟通技巧。尤其是在寻求帮助时，虽然他们内心有强烈的求助愿望，但往往由于缺乏适当的方法而无法有效寻求他人的帮助。因此，本节课将紧密结合学生的实际需求，致力于教导他们掌握正确的求助方式。通过系统的学习、实践和泛化应用，期望学生能够逐步掌握正确的社会交往技能，从而减少问题行为的发生，更好地融入社会。

教学目标

1.遇到困难时，知道找人帮忙。
2.知道找人帮忙的方法。

教学准备

教学视频、课件、图卡、强化物

教学建议

在本课的教学中，教师首先梳理了班级学生在社会交往方面存在的问题，特别是在求助环节中所表现出的不足。紧接着，教师根据学生的能力现状和身心特点，精心设计了多样化的教学目标，旨在有针对性地提升学生的相关技能。为了确保学生能够在不同场合中熟练运用所学技能，教师在泛化过程中特别强调了家长的参与和配合，希望家长能够在校外及家庭环境中积极协助孩子进行技能的泛化，从而进一步提升学生的社交技巧，促进他们更好地融入社会。

（一）认一认

教师活动	学生活动	设计意图
教学中，教师展示"我会找人帮忙"的图卡和视频素材。	学生观看视频，并认真倾听，学习如何求助于身边的人。	培养学生的社会交往能力，让他们在面对困境时知道找人帮忙。

注意事项：

1.教师出示视频或图片并详细讲解，仔细剖析视频中人物所遇到的困境，他们是如何应对的，以及他们为何采取这样的应对方式。引导学生深入思考和认识求助的重要性与技巧，帮助他们从中汲取经验，提升应对的能力。

2.在教授过程中，教师采用模仿示范法，鼓励学生模仿视频中人物的行为。通过跟随视频中的角色进行模仿练习，学生可以更

教学建议

直观地理解并掌握求助的正确方式，从而在日常生活中灵活运用。

3. 关于找人帮忙的情境，教师会引导学生进行拓展思考。在学校遇到困难时，可以找教师求助；在家中遇到问题，可以寻求父母的帮助；而在校外，如遇紧急情况，可以向保安或警察叔叔求助。这种引导有助于学生形成求助的多元思维，提升他们在不同环境中的应对能力。

4. 对于能力较弱的学生，教师以肢体动作教学为主。通过教授特定的肢体动作（手势、动作等），帮助学生用简单直观的方式表达求助意愿。

（二）学一学

教师活动	学生活动	设计意图
教师拿了一摞书，不小心掉了几本在地上，教师提问学生："谁来帮我捡起来？"	学生听到教师的求助后，上前帮忙捡起书本。	学生不仅能够识别求助的实际场景，还能在模仿教师的过程中学习到正确的求助方式。

注意事项：

1. 教师在设置求助情境时，力求自然、避免刻意。能够更真实地反映出学生可能遇到的困难，从而引发他们的思考。

2. 在情境中，教师巧妙引导学生思考：当遭遇困难时，应该如何应对？这样的提问不仅激发了学生的探索欲望，也让他们在思考中逐渐明白求助的重要性。

3. 同时，教师运用视觉提示，通过直观的动作示范，向学生展示如何正确地找人帮忙，有助于学生快速掌握求助技巧。

（三）练一练

教师活动	学生活动	设计意图
教师设置学生擦黑板擦不到情景，引发学生主动寻求帮助。	学生转向教师，跟教师说："老师，我擦不到，请帮帮我。"	培养学生的实践能力和应变能力。

注意事项：

1. 在进行练习之前，教师会反复强调，当遇到困难时，应该积极寻求他人的帮助。这一点对于学生们来说至关重要，因为正确的求助方式能够快速解决问题。

2. 当学生做出求助的手势或说出求助的话语时，教师会立即给予正面的反馈和强化，以增强他们的自信心和积极性。同时，教师会迅速提供必要的帮助，确保学生顺利渡过难关。

3. 为了帮助学生更好地将所学应用到实际生活中，教师会针对不同学生的特点，设置不同的求助情境。这种个性化教学有助于学生在各种场合下都能灵活应对，进一步提升他们的求助能力。

4. 对于能力较弱的学生，教师会特别关注他们的学习进度。通过利用图卡或手势等直观的教学工具，帮助学生理解和掌握求助的基本技巧。

（四）做一做

教师活动	学生活动	设计意图
在返回教室的途中，教师特意引导学生自行推开玻璃门。然而，玻璃门比较重，学生们推开它有困难。	学生尝试推开玻璃门，然而由于门比较重，他们努力了几次都失败了，学生们自然而然地转向教师并说："请帮帮我。"	学生不仅能够更好地理解和运用求助技巧，还能在实践中不断提升自己的求助能力。

注意事项：

1. 安全第一，在引导学生进行这一练习时，教师需特别留意可能出现的风险，并提前做好防范。在学生尝试推门的过程中，教师必须时刻关注和确保他们的安全。

2. 在推门的过程中，教师可以鼓励学生多试几次，挑战一下困难。这样不仅能够锻炼学生的意志力，还能在实践中逐渐找到解决问题的方法。

3. 当学生实在无法推开玻璃门，转而向教师求助时，教师需要及时强化他们的这一求助行为，并给予他们帮助。通过及时的正面反馈和实际的帮助，学生们能够更深刻地理解求助的重要性，并在遇到困难时运用这一技能。

（五）泛化

当学生熟练掌握了找人帮忙的技能后，教师可以鼓励他们在家中或小区内进行泛化。在家中，可以引导他们尝试打开易拉罐，无法打开时寻求家人的帮助；在小区内，可以鼓励他们主动与邻居交流，遇到困难时寻求帮助。通过实践，在自然、真实的环境中进一步巩固和应用所学的求助技能。

教学评价

姓名		日期：			
评价内容		完成情况			
		动作 协助	口头 提示	独立 完成	其他协 助方式
反应	识别需要帮助情境				
	用口语说"帮帮我"				
	用手势表达"帮帮我"				
难度	遇到困难时能主动找人 帮忙				
泛化	遇到不同的情景，能找 人帮忙				

备注：完成情况中请用1—3表示，其他协助方式可根据学生实际情况填写。
（1-不需要；2-偶尔；3-经常）

教学思路

认一认	认识困境
学一学	学习技能
练一练	巩固技能
做一做	增加难度
泛化	应用技能

八、我会帮助别人

孤独症学生在社会交往领域存在显著的短板，特别是在助人行为方面，他们往往缺乏主动帮助别人的意识。面对他人的求助，他们可能表现得无动于衷。即使能力较好的学生，也常因缺乏必要的社交技巧和同理心，在助人过程中也可能因方法不当而引发一些问题，打击他们的自信心。

本节课旨在针对性地提升孤独症学生的助人意识，教会他们识别帮助别人的情境，并学习采用正确的方法来给予别人帮助。

1. 能有帮助别人的意识。
2. 能使用恰当的方式帮助别人。

教学视频、课件、图卡、强化物

在准备阶段，教师首先应深入了解学生在日常社交中遇到的困惑，特别关注他们在帮助别人时存在的问题。基于对学生的能力及问题表现的了解，教师可以精心设计几个模拟场景，并提前预演。在这些场景中，帮助学生直观理解"帮助"的概念，通过体验，让学生更好地掌握帮助他人的技巧和方法。充分的教学准备有助于确保教学内容的针对性和实效性，为教学活动的开展做好铺垫。

（一）认一认

教师活动	学生活动	设计意图
教师播放"我会帮助别人"的视频，让学生知道当别人遇到困难的时候，要去帮助。	学生观看视频，认真体会，学习如何帮助别人。同时感受和体验助人的快乐。	让学生体会到帮助他人的重要性和意义，从而激发他们的同情心和助人意识。

注意事项：

1. 教师呈现视频或图卡时，应详细讲解，仔细剖析视频中人物所遇到的困境，以及可以采取哪些行动来提供帮助。通过引导学生思考和认识这些场景，激发他们的同情心和助人意识，从而培养他们积极主动助人的好习惯。

2. 在教授过程中，教师不仅要注重技能的传授，更要让学生体验助人为乐的愉悦心情，这种愉悦的心情将激励他们更加积极地帮助他人。同时，教师也需要让学生知道正确的助人做法，确保他们在帮助他人时，不会造成不必要的困扰或伤害。

3. 对于能力较弱的学生，以参与和体验为主，让他们在轻松愉快的氛围中逐渐提升助人能力。通过鼓励他们积极参与活动，并适时给予指导和帮助，让他们在实践中逐渐掌握助人的技巧和方法。

（二）学一学

教师活动	学生活动	设计意图
教师拿出一个空水杯，告诉学生杯子里没水了，要怎么办。引导学生帮忙倒水。	学生发现杯子里没水，在教师提示下帮忙倒水。	教师设置求助的情境，引发学生帮忙。

注意事项：

1. 在情境中，教师可以适时展示自己的脆弱的一面，以激发学生的爱心和助人意识。

2. 当学生帮助别人后，教师应及时给予正面反馈和强化，让学生体验到帮助他人带来的愉悦感和成就感，从而激励他们更加积极地参与助人活动，形成良性循环。

3. 对于能力较弱的学生，教师可以提供必要的肢体协助，帮助他们克服困难，确保他们也能顺利参与活动。

（三）练一练

教师活动	学生活动	设计意图
教师创设橡皮掉在地上，没人捡的情境，引导学生看到物品掉在地上要捡起来，归还他人。	学生帮忙捡起橡皮，并归还给同学。	期望学生能够养成积极主动的助人习惯。

注意事项：

1. 当 A 学生注意到地上掉落的橡皮时，教师可以说："看，C 同学的橡皮掉在地上了，A 同学，你可以帮忙捡起来吗？"对于能力较强的学生，教师则可以抛出更具启发性的问题："C 同学的橡皮掉了，A 同学，你觉得现在应该怎么做呢？"引导学生主动思考并行动。

2. 在 A 同学捡起橡皮并归还给 C 同学的过程中，教师可以引导其他同学认真观看和学习。同时，教师可以适时地旁白："看，A 同学表现得多棒啊！他主动帮助 C

同学捡起了橡皮，这种乐于助人的精神值得大家学习。"旁白不仅肯定了 A 同学的行为，也为其他同学树立了榜样。

3. 为了帮助学生更好地将所学应用到实际生活中，教师可以针对不同学生的特点和能力，设置不同的助人情境。这种个性化的教学有助于学生在各种场合下都能灵活应对，进一步提升他们的助人意识和能力。

（四）做一做

教师活动	学生活动	设计意图
教师设置某同学摔倒（或者没穿好鞋子），需要帮忙的情境，引导其他同学去帮助。	学生帮忙扶同学起来（帮同学穿好鞋）。	在自然情境中广泛实践和深入练习，能够进一步提高学生求助的技能，从而更好地适应和融入日常生活。

注意事项：

1. 在这个情境中，教师首先要明确告知学生，只有当别人确实遇到困难时，才需要伸出援手。同时，要引导学生对实际情况进行判断，确保帮助行为是必要且恰当的。通过这样的引导，学生能够更加理性地面对他人的求助，避免盲目行动。

2. 当被帮助的学生表达出感激之情时，教师要及时辅助他们说出"谢谢"，并对帮助行为进行正面强化。这样的做法不仅能让被帮助的学生感受到温暖和关怀，也能让帮助者体验到助人的快乐和成就感，从而进一步激发他们的助人意愿。

3. 对于能力较弱的学生，如果他们无法独立完成助人行为，教师可以鼓励他们向其他学生寻求帮助。在这个过程中，教师同样要强调助人行为的重要性和意义，让其他学生明白帮助他人是一种美德和责任，在班级中营造出一种互助互爱的良好氛围。

（五）泛化

在家庭中，父母可以巧妙地适度示弱，营造出一些需要孩子伸出援手的场景，从而让孩子有更多机会体验帮助他人的乐趣。通过亲子间的互动，不仅有助于培养孩子的责任感和同情心，更能加深家庭成员之间的情感。在小区或校外活动中，家长也可以引导孩子留心观察身边的事物，一旦发现有人需要帮助，便鼓励孩子勇敢地伸出援手。这样的实践机会，将让孩子在真实的社交环境中锻炼自己的助人能力，同时也能够增强他们的社会适应能力和人际交往技巧。

教学评价

姓名		日期：			
评价内容		完成情况			
		动作协助	口头提示	独立完成	其他协助方式
反应	识别需要帮助情境				
	能主动帮助别人				
	体验助人的乐趣				
难度	能辨别需要帮助的地方				
泛化	在不同的情境中，能主动帮助别人				
备注：完成情况中请用 1—3 表示，其他协助方式可根据学生实际情况填写。（1- 不需要；2- 偶尔；3- 经常）					

教学思路

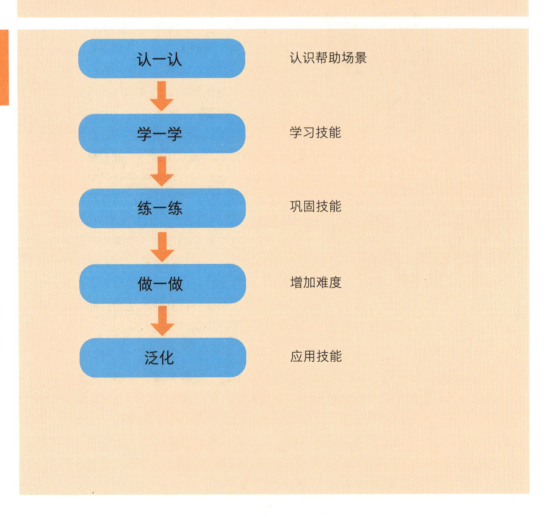

认一认　　　认识帮助场景

学一学　　　学习技能

练一练　　　巩固技能

做一做　　　增加难度

泛化　　　应用技能

九、我会合作

教学分析

孤独症学生在社交和沟通方面普遍存在困难，他们在日常生活中，一旦遇到需要与人协作的任务时，往往会选择逃避，或者因为无法顺利完成任务而表现出情绪和行为问题。

因此，本节课教师精心设计了教学环节，通过寓教于乐的方式，让学生在轻松愉快的氛围中认识与人合作，学习合作的方法和技巧。通过这些活动，教师希望能够引导学生逐渐学会与人合作，培养他们的合作意识，提升他们的社交能力。

同时，建议在日常生活的不同情境中，为学生创造更多的合作机会，让他们在实践中不断巩固和强化所学的技能。

教学目标

1. 能有合作的意识。
2. 能与他人合作完成任务。

教学准备

课件、若干箱子、强化物、推车

教学建议

在本课的教学中，教师巧妙地利用动画视频，让学生直观而生动地认识并理解与人合作的多种情境。同时，教师设计"帮助康康搬大箱子"的教学情境，用新颖而富有挑战性的任务引起学生的学习兴趣。

教师先示范一个人搬不动箱子的情境，然后与助教教师的合作，成功地将箱子搬动。让学生直观地感受到了合作的必要性，激发他们学习合作的欲望。

接着，教师从师师合作、师生合作、生生合作这三个层面，逐步引导学生学习合作的方法和技巧。通过一系列的互动练习和角色扮演，让学生逐渐掌握与人合作的基本方法，并在实践中不断加深理解。

教师应注重泛化学习的重要性，提醒家长在校外及家庭中继续巩固和拓展本课所学的合作技能。家校通过合作，共同为学生的社交能力提升助力，帮助他们更好地适应未来的学习和生活。

（一）认一认

教师活动	学生活动	设计意图
在教学过程中，教师精心展示了"我会合作"的图卡和视频素材，以此生动地告诉学生：当面对一个人无法单独完成的任务时，应该学会与人合作。	学生观看视频，认识和理解与人合作的情境。	借助视频和图卡，让学生理解了合作的意义和价值，能够明白合作的必要性。

教学建议

注意事项：

1. 教师应详细展示和讲解视频，不仅要描述视频中人物所遇到的情境和困境，还要深入剖析他们是如何通过合作解决问题的。通过讲解，引导学生深入思考合作的重要性，以及如何在不同场景下与人有效地合作。

2. 建议教师使用模仿示范法，可以先让学生观看视频中的人物如何合作，再鼓励学生模仿视频中的行为，与同伴一起完成合作任务，让学生在实践中学习合作的技巧。

3. 在与人合作的过程中，教师可以引导学生寻找合适的合作伙伴。在学校，他们可以和同学合作；在家中，他们可以与父母合作。通过引导，让学生能够更加灵活地运用所学技能，在不同场合下都能够有效地与人合作。

（二）学一学

教师活动	学生活动	设计意图
教师创设搬不动箱子的情境，问："老师搬不动，怎么办呢？"	学生与教师合作一起搬动箱子。	让学生理解需要合作的情境和合作的方法。

注意事项：

1. 为了增强教学的真实性和体验感，教师准备一个稍大的箱子，并在其中放置一些重物，这样学生在尝试搬动时能够更加真切地感受到合作的必要性。

2. 通过搬不动的实践体验，学生能够深刻理解到，在某些任务面前，单凭个人的力量是难以完成的，从而激发他们寻求与人合作的意愿。

3. 在师生合作正式开始之前，教师可以先为学生展示两个教师之间合作的情境。这一环节给学生提供一个清晰的合作范例以及合作的技巧和方法。

（三）练一练

教师活动	学生活动	设计意图
教师设置学生搬箱子的情境，引导学生合作。	两个学生合作搬动箱子。	在实践中不断加深对合作的理解与运用。

注意事项：

1. 当学生合作搬动箱子时，教师要明确强调他们正在合作完成这项任务。这种强调不仅有助于加深他们对合作概念的理解，更能让他们在实践中深刻体会到合作的重要性。

教学建议

2.一旦学生们通过合作成功地将箱子搬好，教师要立即对他们给予表扬或正面强化，让学生感受到成功的喜悦，从而更加乐于参与合作。

3.根据学生的个体差异，教师可以为不同的学生设置不同的合作情境。帮助学生进一步泛化学习，使他们能够在不同的场合和背景下灵活运用合作技能，提升整体的社交适应能力。

（四）做一做

教师活动	学生活动	设计意图
教师创设用手推车运箱子的情境，引发学生与学生合作运箱子。	两个学生合作用手推车运箱子。	培养学生的责任感和团队精神，让他们在合作中不断成长。

注意事项：

1.在准备教具时，教师需确保手推车和箱子的尺寸、重量等都适配学生的能力，以便他们能够轻松操作，并从中获得实际的合作体验。

2.在搬运箱子的过程中，教师鼓励学生自主思考，探索有效的合作方式。他们可以共同商讨、分工协作，甚至尝试创新性的搬运方法，以成功地将箱子运送到目的地。这一过程不仅锻炼了学生的合作能力，还培养了他们的创新思维和解决问题的能力。

3.当学生们通过合作成功地将箱子搬运到位，教师应立即对这一行为进行强化。通过给予赞美、奖励或其他形式的正向反馈，让学生们深刻体会到合作的成果和价值，进一步激发他们参与合作的积极性和主动性。

（五）泛化

当学生熟练掌握与人合作的技能后，应加强在课堂或学校环境中的应用，并泛化延伸到家庭和小区等生活场景中。例如，学生可以在家里与家人合作搬动桌子、搬运快递箱等，通过实际参与这些日常活动，不仅能够进一步巩固所学技能，还能加深家庭成员之间的默契与协作。这样的泛化学习不仅有助于学生在不同场景下灵活运用合作技能，更能让他们深刻体验到合作带来的好处和乐趣。

教学评价

姓名		日期：			
评价内容		完成情况			
		动作协助	口头提示	独立完成	其他协助方式
行为目标	与教师合作搬箱子				
	与同伴合作搬箱子				
	与同伴合作用手推车运箱子				
泛化	在不同的情境中与人合作				
泛化	在不同的情境中，能主动帮助别人				

备注：完成情况中请用 1—3 表示，其他协助方式可根据学生实际情况填写。
（1- 不需要；2- 偶尔；3- 经常）

教学思路

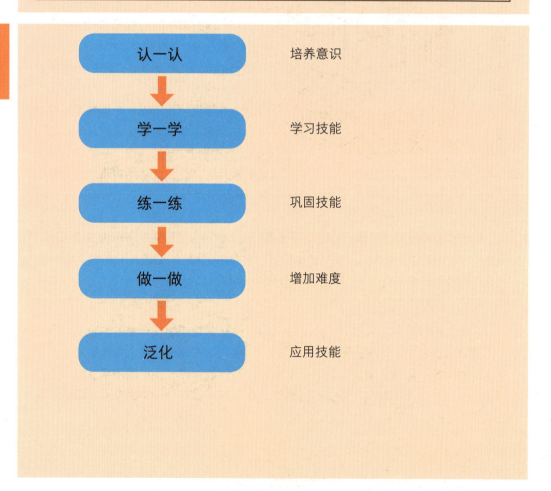

认一认 —— 培养意识

学一学 —— 学习技能

练一练 —— 巩固技能

做一做 —— 增加难度

泛化 —— 应用技能

第二部分

身心适应

一、我的班级

　　增进学生的归属感，是增强其安全感的有效途径之一。对孤独症学生而言，引导他们认识并熟悉自己的班级，更是培养他们归属感的关键一环。因此，如何引导他们深切感受自己所在学校与班级的温暖，产生强烈的归属感，成为他们适应学校生活的关键。

　　本课采用活泼轻快的教学方式，让学生在参与活动的过程中，认识到自己所在的学校与班级。此外，老师还鼓励家长在家庭生活中进行泛化教育，帮助学生巩固和强化这种归属感，从而进一步增强他们的安全感。

教学分析

1. 能找到自己所在的班级。
2. 喜欢自己的班级。

教学目标

视频、照片，以及学生喜欢的东西

教学准备

　　在本课的教学过程中，老师巧妙运用大量实景照片，为学生呈现了一个真实的班级环境。这些直观的教学材料不仅能帮助学生建立班级意识，还能通过丰富多彩的教学活动加强同学之间的交流与合作。学生在与同伴的互动中逐渐产生了熟悉感，进而接纳并热爱自己所在的班级。

　　通过本课的学习，学生不仅能够更加深入地了解自己的班级，还能在与同学的互动中建立深厚的友谊，为未来的校园生活奠定坚实的基础。

教学建议

（一）学一学

教师活动	学生活动	设计意图
老师用一体机或投影设备，播放班级的照片，引导学生认识学校和班级的名称，明确自己所在班级的位置和特点。	学生观察图片，认识自己班级及环境布置。	通过实景及图片增强学生的归属感。

注意事项：

　　1. 照片应是班级的真实环境，能够展现学校的独特风貌和各个角落的细节。

　　2. 在教学过程中，老师还可以利用图卡和照片进行简单的问答互动，让学生在轻松愉快的氛围中巩固所学内容。

（二）认一认

教师活动	学生活动	设计意图
老师使用班级的真实照片教学生认识班级的特征。	学生学习班级的特征。	利用实景加深学生对班级的印象，并提升他们的观察力和表达力。

注意事项：

　　1. 照片要清晰、内容明确、尺寸适宜，展现班级的完整风貌。

　　2. 老师可以运用语音或动作，给予学生提示，引导他们深入思考和探索。

　　3. 根据学生的实际水平和需求，老师可以灵活调整所提供照片的数量和画面，适当增加或减少难度，以确保每位学生都能参与。

（三）涂一涂

教师活动	学生活动	设计意图
老师指导学生对班级的简笔画进行涂颜色。	学生根据自己的喜好，使用涂色工具对简笔画进行涂颜色。	通过学生亲自动手创作的方式，加深他们对班级的认知。

注意事项：

　　1. 简笔画图案应以班级日常事物为基础，让学生在快乐中感受创作的魅力。

　　2. 在涂色环节，老师鼓励学生大胆尝试，不设固定色彩界限，让他们用自己喜欢的颜色描绘出心中的班级，充分展现个性与创意。

　　3. 对于绘画基础稍显薄弱的学生，老师不要过于苛求他们必须在规定区域内着色，而是给予他们更多的自由发挥空间，感受绘画的乐趣。

（四）比一比

教师活动	学生活动	设计意图
老师设计找到班级图片的电脑游戏，并指导学生进行比赛。	两个学生一组进行比赛。	让学生们在娱乐中感受到班级的温暖与活力。

注意事项：

1.老师在设计游戏时力求简洁明了，确保每一个环节都能突出重点，让学生在轻松愉快的氛围中快乐学习。

2.老师在游戏中使用的照片差异应显著，便于学生直接分辨。

（五）泛化

在学校不同的班，面对不同的环境创设，也能知道这是班级。

姓名		日期：			
评价内容		完成情况			
		动作协助	口头提示	独立完成	其他协助方式
会说	能说出班级的名字				
	能说出班级环境的特点				
会辨	能辨认自己的班级				
	能辨认班级				
态度	喜欢自己的班级				
泛化	看到其他班级时，也知道是班级。				
备注：完成情况中请用 1—3 表示，其他协助方式可根据学生实际情况填写。（1-不需要；2-偶尔；3-经常）					

教学思路

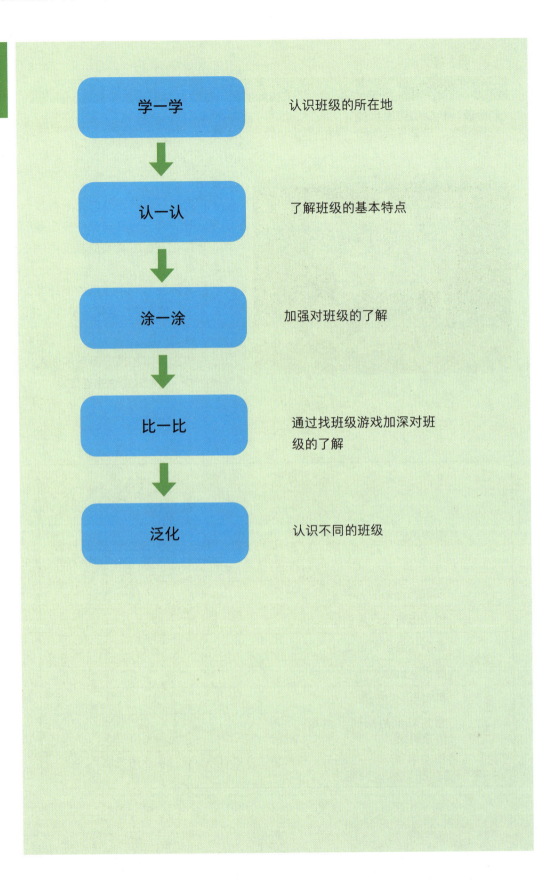

学一学　　　　　认识班级的所在地

认一认　　　　　了解班级的基本特点

涂一涂　　　　　加强对班级的了解

比一比　　　　　通过找班级游戏加深对班级的了解

泛化　　　　　认识不同的班级

二、我的饭堂

教学分析

孤独症学生在初入陌生环境时，往往会表现出焦躁不安的情绪。以进食为例，许多学生在新环境中会拒绝进食。因此，老师充分考虑到学生的认知发展特点，开展了一系列难度逐渐提升的教学活动，通过游戏的形式，让学生逐渐熟悉学校的饭堂环境，了解饭堂的基本功能，从而建立起对饭堂的亲近感。这样的体验式教学，旨在增强学生的就餐意愿，帮助他们更好地适应学校生活。

教学目标

1. 能找到饭堂。
2. 愿意在饭堂吃饭。

教学准备

饭堂的照片及视频、饭堂模型、学生喜欢的饭菜、饭堂简笔画、彩色笔或颜料

教学建议

在本课的教学准备中，老师需提前了解每位学生的口味偏好，确保准备的饭菜能符合他们的喜好，从而有效激发学生对饭堂的兴趣与期待。在教学过程中，老师通过引导学生认识饭堂的特征、辨识其显著特点、为饭堂涂绘缤纷色彩并开展趣味活动，让学生在轻松愉快的氛围中逐步深化对饭堂特点与功能的认识。

（一）学一学

教师活动	学生活动	设计意图
老师使用饭堂的真实照片教导学生认识饭堂的特征。	学生指认饭堂的图卡。	帮助学生直观地了解饭堂及其位置。

注意事项：

1. 老师利用每天吃饭前，带学生去饭堂进行参观，让学生对饭堂有更全面的认识。

2. 老师创设情境，邀请学生扮演向导的角色，带领其他同学一同寻找饭堂的位置。这样的互动方式不仅增加了教学的趣味性，还能让学生在实践中加深对饭堂位置的认识。

教学建议

（二）认一认

教师活动	学生活动	设计意图
老师出示饭堂的图片，根据学生的认知需求，帮助学生详细了解饭堂的功能。	学生学习并初步掌握饭堂的特征。	逐步认识和熟悉饭堂的环境，从而认识饭堂的位置以及功能。

注意事项：

1. 饭堂的图片应简洁明了，可以适当展现学生喜爱的饭菜，以吸引他们的目光，激发对饭堂的兴趣。

2. 可以展示多样化的教学具，如饭堂模型，厨师在制作饭菜、学生开心吃饭的图卡等，帮助学生更全面地了解饭堂的特征和功能。

3. 当学生能够准确辨认出饭堂时，老师不妨以他们喜爱的饭菜作为奖励，这样不仅能增强他们的成就感，更能进一步激发他们对饭堂的好感与期待。

（三）涂一涂

教师活动	学生活动	设计意图
老师指导学生对饭堂的简笔画进行涂色练习。	学生根据自己的喜好，使用涂色工具给简笔画涂颜色。	通过学生亲自动手创作的方式，加深他们对饭堂的认知。

注意事项：

1. 对于那些尚未掌握执笔写画能力的学生，老师鼓励他们尝试用手指轻轻点蘸颜料涂鸦，探索色彩的魅力。

2. 在涂色的环节，建议老师给予学生充分的自由，让他们随心所欲地挥洒色彩，不拘泥于特定的颜色选择，也不刻意要求在规定的区域内着色。

（四）比一比

教师活动	学生活动	设计意图
老师设计"找饭堂图片"的游戏，并指导学生比赛。	两个学生一组参加比赛。	让学生在轻松愉快的娱乐活动中深入认识饭堂。

注意事项：

1. 课件应当选取饭堂的实景照片，以便学生能够更真实观地了解和认识饭堂。

2. 在两名学生进行比赛时，老师要注重对学生参与过程的点评与反馈。

（五）泛化

知道餐厅、酒店等也是吃饭的地方。

姓名		日期：			
评价内容		完成情况			
		动作协助	口头提示	独立完成	其他协助方式
位置	找到饭堂的图片				
	找到去饭堂的路线				
功能	说出饭堂的功能				
态度	愿意去饭堂吃饭				
泛化	肯去不同地方吃饭				
备注：完成情况中请用 1—3 表示，其他协助方式可根据学生实际情况填写。（1-不需要；2-偶尔；3-经常）					

教学思路

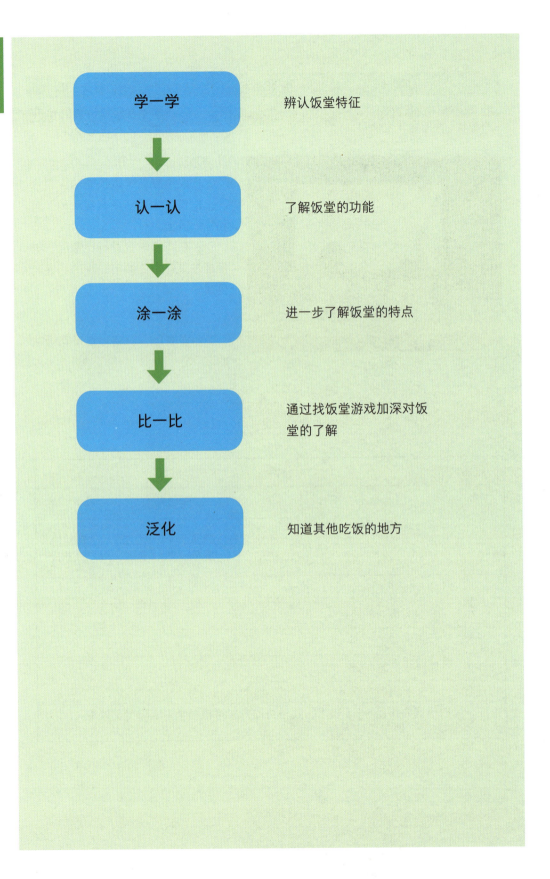

学一学   辨认饭堂特征

认一认   了解饭堂的功能

涂一涂   进一步了解饭堂的特点

比一比   通过找饭堂游戏加深对饭堂的了解

泛化   知道其他吃饭的地方

三、我的宿舍

教学分析

本课的主旨在于引导学生认识学校生活中的重要场所——宿舍。宿舍作为学生休息的地方，其重要性不言而喻。通过认识宿舍，老师可以帮助学生建立午休的意识，并使他们深刻领会到午休的益处以及午休时保持安静的必要性。

本节课的核心内容是让学生认识宿舍并熟悉宿舍内部的床上用品。在教学过程中，老师将通过"学一学"环节，使学生初步建立起宿舍的概念，明确其用途与意义；接着，通过"认一认"环节，指导学生认识自己宿舍的具体位置，增强对宿舍的归属感；随后，在"涂一涂"环节，让学生通过绘画的方式了解宿舍内床的构造及床上用品的摆放，加深对宿舍内部环境的认知；最后，通过"比一比"环节，让学生在快乐中巩固对宿舍的认识。

教学目标

1. 能找到自己的宿舍。
2. 愿意去宿舍睡觉。

教学准备

宿舍的照片或视频、课件、强化物

教学建议

本课的教学聚焦于认识学生宿舍，以亲身所处的宿舍环境为核心展开学习。重点在于认识宿舍，理解其作为休息场所的功能，并能够准确指认宿舍内的各类物品。同时，引导学生认识到在宿舍内休息时应保持安静。

（一）学一学

教师活动	学生活动	设计意图
老师通过展示照片、介绍细节和强调功能，引导学生认识宿舍并养成良好休息习惯。	学生通过照片，认识宿舍。	帮助学生直观地感受到宿舍的作用，进一步领会到宿舍作为休息场所的重要性。

注意事项：

1. 在拍摄宿舍照片时，老师可以捕捉学生安静休息的瞬间，让画面传递出宿舍的宁静与温馨。同时，也可以拍摄一些无学生的宿舍场景，重点展示学生们的床上用品，让学生更加熟悉宿舍的布置。

2. 在日常午休时，老师可以借此机会

深化学生对宿舍的认识。带学生去宿舍的路上，老师可以轻声提醒："吃完午饭，要去宿舍休息了。"当抵达宿舍时，老师可以指着宿舍门牌，明确告知学生："这就是宿舍，是大家午休的地方。"通过这样的引导，学生能够更加直观地认识宿舍，并将其与午休的习惯密切联系起来。

（二）认一认

教师活动	学生活动	设计意图
教师告知学生宿舍是休息睡觉的地方，宿舍内配备有床铺和被子。	学生学习宿舍的特征和功能。	帮助学生进一步深入认识宿舍，熟悉其内部的布置与设施。

注意事项：

1. 当学生成功指认出宿舍或教室时，老师鼓励他们用完整的句子来表达，如"这是宿舍，休息的地方"。

2. 对于能力较强的学生，老师可以引导他们学习宿舍与睡觉、教室与上课之间的功能分类，以帮助他们建立更全面的认识。而对于能力稍弱的学生，老师则主要关注他们对宿舍的指认能力，通过反复练习和引导，帮助他们认识宿舍。

（三）比一比

教师活动	学生活动	设计意图
老师设计找到宿舍图片的电脑游戏，并指导学生进行比赛。	两个学生一组参加比赛。	让学生在轻松愉快的娱乐活动中深入学习宿舍的特征。

注意事项：

1. 课件中所展示的宿舍照片，应当选取本校宿舍的实景照片，以便学生能够更真实、更直观地了解和感受自己学校宿舍的风貌与特色。

2. 在两名学生比赛时，老师并不过分强调比赛的结果，而是更加注重对学生参与过程的点评与反馈。

（四）泛化

教导学生认识其他睡觉的地方，如酒店、旅馆等。

姓名		日期：			
评价内容		完成情况			
		动作协助	口头提示	独立完成	其他协助方式
会认	能辨认宿舍的图片				
	能指认自己的床				
会说	能仿说"宿舍"				
	能仿说"这是宿舍"				
会做	能安静躺在床上午休				
态度	愿意去宿舍睡觉				
备注：完成情况中请用 1—3 表示，其他协助方式可根据学生实际情况填写。（1- 不需要；2- 偶尔；3- 经常）					

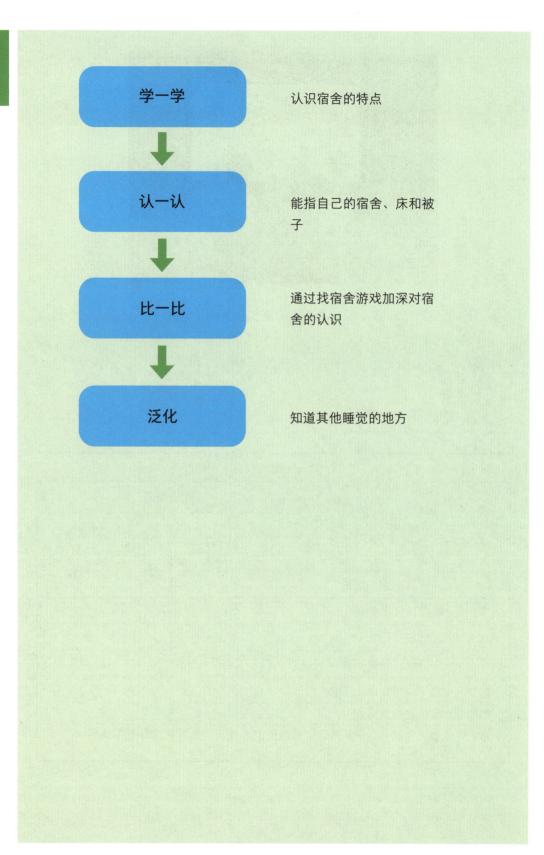

学一学	认识宿舍的特点
认一认	能指自己的宿舍、床和被子
比一比	通过找宿舍游戏加深对宿舍的认识
泛化	知道其他睡觉的地方

四、我的老师

教学分析

　　本节课聚焦学校生活中的关键人物——老师，对于刚踏入校园的新生来说，他们最主要的接触对象是老师。师生关系直接影响着学生的学习和成长，是教育活动过程中最基础的一环。良好的师生关系能够传递出关爱与信任的力量，这对于新生快速适应学校生活至关重要。因此，本节课的核心任务是帮助学生认识自己的班级老师，并对"老师"这一概念形成初步的认识。老师将通过"学一学"环节，引导学生了解老师职业的特点。在"认一认"环节，老师指导学生认识自己班级的老师，包括他们的姓名、所教科目等职业特点。通过"画一画"环节，老师将鼓励学生用自己的画笔描绘出班级老师的容貌特点。在"比一比"环节，老师通过各种形式的游戏和活动，巩固对班级老师的认识。

教学目标

　　1. 能认识班级的老师。
　　2. 愿意和班级的老师交往。

教学准备

　　班级老师的照片、课件、强化物

教学建议

　　在教授本课内容时，由班级老师亲自授课，为了避免给学生造成困惑，建议老师在授课时，其打扮应与照片中的形象保持相近，这样可以更好地辅助学生学习。

（一）学一学

教师活动	学生活动	设计意图
老师首先向学生们介绍自己是某某老师，随后展示出自己的照片。	学生学习老师的形象特征。	通过真人与图片匹配，提升学生的认知能力，让他们准确识别老师。

注意事项：

　　1. 真人形象与照片相对应，确保服饰与发型在视觉呈现上无显著差异。

　　2. 图片展示需从正面、反面、侧面等多个视角全方位呈现，帮助学生观察老师。

　　3. 在课件中，加入真人出镜的视频，使学习形式更为生动和立体。

教学建议

（二）认一认

教师活动	学生活动	设计意图
老师出示班级老师照片，根据学生的个别化差异，介绍老师的职业特点。	学生能根据不同的要求指认自己的班级老师。	通过指认图片，帮助学生进一步认识老师。

注意事项：

  1. 展示班级老师的照片，确保每位学生都能认识老师的照片。

  2. 为了加强学生的辨识能力，老师将呈现一系列干扰照片如水果、书包、医生、工人等。在选择干扰照片时，老师会根据学生的实际能力进行合理安排，确保难度适中。同时，为了避免误导学生，老师不应强调这些干扰照片。

  3. 为了进一步提升难度，老师将在同一张照片中呈现两个人物。这两个人物应有较大的对比性，以便学生能够更加清晰地辨认出老师。

（三）涂一涂

教师活动	学生活动	设计意图
老师出示简笔画，介绍简笔画上老师的五官，并指导学生涂颜色。	学生在简笔画上涂颜色。	通过涂色帮助学生全面、深入地认识老师。

注意事项：

  1. 对于那些尚未掌握握笔技巧的学生，老师为他们提供了另一种创意的方式——用手指轻轻点蘸颜料作画。这样，他们能够参与到绘画的乐趣中，感受色彩的魅力。

  2. 为了满足不同学生的能力需求，老师应精心准备多样化的简笔画。对于能力较弱的学生，老师提供实线简笔画；而对于能力稍弱的学生，老师提供虚线简笔画。

通过差异化教学，期待每一个学生都能在绘画中找到自己的乐趣并成长。

（四）比一比

教师活动	学生活动	设计意图
老师设计"找到老师图片"的电脑游戏，并指导学生比赛。	两个学生一组参加比赛。	让学生在轻松愉快的娱乐活动中继续巩固学习内容。

注意事项：

1.对于能力稍弱的学生，老师会分发一张卡片，以确保他们能够集中精力、逐步掌握。而对于能力较强的学生，老师将分发两张或三张卡片，以提供更多挑战和机会，满足他们的学习需求。

2.对于能力较好的学生，老师鼓励他们尝试有字的图卡，将图片与字词配对，进一步提升他们的认知水平和综合能力。

（五）泛化

老师精心挑选了不同学科老师的照片，逐一展示并为学生们介绍。为了让学生们更加亲近和了解这些老师，课后可带领他们逐一去接触其他学科的老师，让他们在互动中建立起师生情谊。

在教学过程中，老师还应特别强调礼貌教育，引导学生们在见到老师时要主动问好，帮助学生养成良好的行为习惯，成为有礼貌的学生。

姓名		日期：			
评价内容		完成情况			
		动作协助	口头提示	独立完成	其他协助方式
会认	能辨认老师				
	能指认班级老师				
会说	能模仿说"老师"				
	能跟读"老师"				
会做	能按要求找到班级老师照片				
态度	喜欢和老师交往				
备注：完成情况中请用 1—3 表示，其他协助方式可根据学生实际情况填写。（1-不需要；2-偶尔；3-经常）					

教学思路

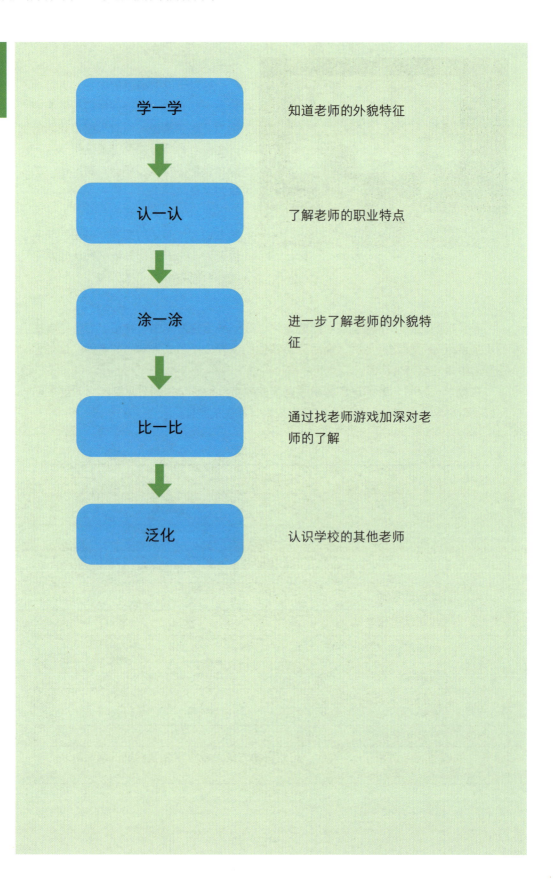

学一学　　知道老师的外貌特征

认一认　　了解老师的职业特点

涂一涂　　进一步了解老师的外貌特征

比一比　　通过找老师游戏加深对老师的了解

泛化　　认识学校的其他老师

五、我的同学

本节课聚焦学校生活中的另一位重要角色——同学。对于新生而言，除了老师，他们日常接触最多的就是同学。同学间的情绪交流、行为互动以及言行举止，都会彼此影响，共同塑造着班级的氛围。因此，本节课的核心任务是认识同学，初步理解同学这一概念。通过"学一学"环节，老师将帮助学生建立对同学的初步认知；在"认一认"环节，学生认识了自己班级的同学，增进彼此的了解；而"画一画"环节，则通过创意的方式进一步加深同学间的友谊与互助；最后的"比一比"环节，通过一系列有趣的活动，让学生在轻松愉快的氛围中巩固学习成果，更好地认识并记住自己的同学。

通过这样的教学设计，学生能够认识自己的同学，建立起深厚的友谊，共同营造一个和谐、融洽的班级氛围。

1. 能认识班级的同学。
2. 愿意和班级同学交往。

班级同学的照片、课件、强化物

本节课的主要目标是引导学生认识并熟悉自己的同学。老师通过从真人到照片的逐步过渡，使学生能够更加深刻地了解同学的外貌特征和个性特点。

为了增强同学之间的熟悉程度，老师将设置丰富多彩的游戏活动情境。这些活动不仅能让学生在轻松愉快的氛围中相互了解，也能加深彼此之间的友谊和信任。

（一）学一学

教师活动	学生活动	设计意图
老师通过展示学生活动视频及照片，结合点名提问互动，引导学生认识并理解"同学"这一概念。	学生学习认识同学的特点。	通过点名互动，帮助学生逐步建立起对"同学"的认识。

注意事项：

1. 老师在展示视频和照片时，特别强调画面中的人物——同学，是在学校里一起学习、玩耍的伙伴。

2. 点名环节，老师会清晰地喊出某个同学的名字，并请他举手或站起来。此时，老师会引导其他同学将目光聚焦在这位同学身上，进一步加深对"同学"这一概念的理解。

（二）认一认

教师活动	学生活动	设计意图
老师先出示班级同学照片，介绍每个同学的特点。	学生能够根据不同的要求指认班级的同学。	通过指认，让学生能进一步认识同学。

注意事项：

　　1. 为确保学生能够准确辨认，真人形象与展示的照片必须高度一致，特别是在服饰和发型方面，最好不要存在显著的差异。

　　2. 在展示照片时，老师会选择较大的尺寸，以便学生能够清晰地观察。此外，为了让学生能够从不同角度认识班上的同学，老师不仅要展示正面照片，还要呈现反面和侧面的照片，让学生全方位地了解同学的形象特征。

　　3. 在课件中，老师除了展示照片外，还会嵌入真人出镜视频，帮助学生更深入地了解自己的同学。

（三）涂一涂

教师活动	学生活动	设计意图
老师出示简笔画，介绍简笔画上同学的五官，老师指导学生涂颜色。	学生根据自己的喜好，在简笔画上涂喜欢的颜色。	通过绘画涂色，学生能够全面、深入地认识同学，也能增进友谊。

注意事项：

　　1. 在指导涂色时，老师会充分考虑到学生之间的能力差异，并据此设定不同的涂色要求。对于能力较强的学生，老师可以要求他们先虚线描边，再涂色；而对于能力稍弱的学生，老师可以让他们先练习在线条内涂色，逐渐熟悉和掌握涂色的技巧。

　　2. 当学生们完成涂色作品后，老师可以进行作品展示。在这个环节中，老师可以特别指出这是某某同学的作品，并对他们的努力和成果给予正面的反馈和肯定。

（四）比一比

教师活动	学生活动	设计意图
老师设计找到同学图片的电脑游戏，并指导学生进行比赛。	两个学生一组参加比赛。	通过游戏，让学生在轻松愉快的娱乐活动中认识同学的特征。

教学建议

注意事项：

　　1. 在设计游戏活动时，老师可以安排某某同学与其他同学相互问好、握手，并表达出"某某同学，你好"这样的问候语，让同学们彼此熟悉。

　　2. 老师在出示的学生照片中形象要清晰可辨。这样，学生在观察照片时，能够清楚地看到同学的面容和表情，加深彼此的印象。

　　3. 在游戏开始前，可以邀请照片中的学生站起来，让其他同学能够对照真人进行辨认。接着，老师会引导下面的学生说出这是哪位同学，帮助他们建立起对同学的正确认知。

（五）泛化

　　老师可以准备班级的集体照，将其打印出来，分发给学生带回家。学生可以在家中与父母一同辨认照片中的同学，加深家长对孩子班级同学的了解，并在家庭教育中延续"我的同学"这一主题。

　　此外，在日常生活中，老师可以适时地发出指令，如"请把某件物品递给某某同学"，还可以在晨间、课间活动中让同学们握手、问好、拥抱，这些简单的互动不仅能够增强彼此的联系，还能初步建立起深厚的同学友谊，为班级营造温馨、和谐的氛围。

教学评价

姓名		日期：			
评价内容		完成情况			
		动作协助	口头提示	独立完成	其他协助方式
会认	看图片指认同学				
	能指认班级同学				
会说	能模仿说"同学"				
	能模仿说"某某同学"				
会做	能指认集体照里的同学				
态度	愿意和同学交往				
备注：完成情况中请用 1—3 表示，其他协助方式可根据学生实际情况填写。（1- 不需要；2- 偶尔；3- 经常）					

教学思路

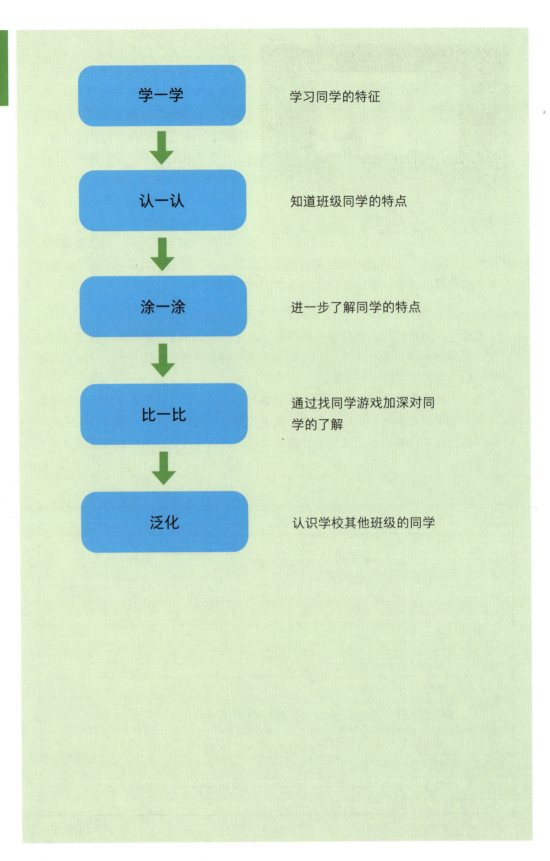

学一学 ——— 学习同学的特征

认一认 ——— 知道班级同学的特点

涂一涂 ——— 进一步了解同学的特点

比一比 ——— 通过找同学游戏加深对同学的了解

泛化 ——— 认识学校其他班级的同学

六、我的保安

教学分析

　　本课将聚焦于学校生活中重要角色——保安。保安是学生们每天在校园中都会接触到的人物，他们默默守护着学校的安全，营造一个和谐稳定的校园环境。

　　因此，本节课的核心任务是引导学生们认识学校保安，初步了解保安的概念。老师将通过一系列生动有趣的教学活动，帮助学生们逐步建立对保安的正确认识。在"学一学"环节，老师将向学生们介绍保安职业的特点和职责，让他们对保安有一个初步的了解；在"认一认"环节，学生们将有机会认识自己学校的保安，了解他们的日常工作和生活；而在"画一画"环节，学生们将通过绘制保安制服，进一步熟悉保安的形象特征；最后的"比一比"环节，老师将利用希沃游戏进行知识巩固，检验学生们的学习成果。

　　此外，鼓励家长在日常生活中引导孩子去不同场所认识保安。通过在不同场合下接触保安，帮助学生将课堂知识应用到实际生活中，同时让他们在未来的生活中更好地应对各种安全挑战。

教学目标

　　1. 能认识学校里的保安。
　　2. 能尊敬学校里的保安。

教学准备

　　保安的照片、课件、强化物

教学建议

　　本课的教学核心在于引导学生认识学校保安这一职业。老师从真实的校园场景切入，通过鲜活的生活实例，吸引学生的注意力，激发他们的学习兴趣。

　　在认识保安的过程中，老师特别强调保安的工作职责和工作地点，通过细致的讲解和实例展示，帮助学生全面了解保安的工作内容和工作环境。这不仅有助于学生理解保安这一职业，更能让他们对保安的工作产生敬意和感激之情。

　　为了进一步加深学生与保安之间的互动和了解，老师组织了一次特别的校园互动活动。在老师的带领下，学生们走向学校的保安，与他们打招呼、交流，分享彼此的生活点滴。这一环节不仅让学生有机会近距离接触保安，更让他们在实践中加深对保安这一职业群体的认识和了解。

　　此外，老师还积极倡导家校合作，鼓励家长在日常生活中引导孩子去不同场所认识保安。通过在不同场合下接触保安，帮助学生将课堂知识应用到实际生活中，同时让他们在未来的生活中更好地应对各种安全挑战。

教学建议

（一）学一学

教师活动	学生活动	设计意图
老师展示学校保安照片，引导学生认识保安，并详细介绍保安的工作职责和地点。	学生通过观看视频及照片初步认识保安。	通过了解了保安的职责与工作地点，进一步认识"保安"这一角色。

注意事项：

1. 老师可以录制一段关于学校保安工作的视频，以此作为教学导入的素材，让学生从熟悉的环境中切入，引发他们的兴趣与好奇心。

2. 在介绍保安时，老师可以提及保安与警察之间的区别，帮助学生明确两者的不同职责和角色，避免产生混淆。

（二）认一认

教师活动	学生活动	设计意图
老师先出示学校保安照片，介绍保安的衣着特点和工作职责。	学生能够根据不同的要求指认保安。	通过不同指认特征帮助学生认识保安。

注意事项：

1. 为确保学生能够准确辨认，展示的真人和照片需保持高度一致，尤其是在服饰和发型方面，应避免显著的差异。

2. 老师可以组织学生前往门口的保卫处，实地认识保安，并与他们打招呼，以此加深学生印象。

（三）比一比

教师活动	学生活动	设计意图
老师设计找到保安图片的电脑游戏，并指导学生进行比赛。	两个学生一组参加比赛。	让学生在轻松愉快的娱乐活动中深入探索保安的特征。

注意事项：

1. 在游戏活动的设计中，老师应尽可能简化操作。对于能力稍弱的学生，老师

只需设置简单的点击操作，避免过多的干扰项。而对于能力较强的学生，老师可以适当增加干扰项，以提升游戏的挑战性和趣味性，激发他们的思维活跃度。

2. 在辅助方面，老师可以采取逐步减少辅助的策略。起初，老师可以提供全面的辅助，确保学生能够顺利完成任务；随着学生能力的提升，老师可以逐步撤销部分辅助，让他们有更多的自主探索和尝试的机会。

教学建议

（四）泛化

为了巩固学生对保安的认识，老师布置家庭作业：请家长陪伴孩子，在小区或商场中主动与保安打招呼，并观察他们的特征和着装。通过这一实践活动，让孩子将课堂上学到的应用到实际生活中，进一步加深对保安职业的了解与尊重。

教学评价

姓名		日期：			
评价内容		完成情况			
		动作协助	口头提示	独立完成	其他协助方式
会认	看图片指认保安				
	能指认学校保安				
会说	能模仿说"保安"				
	模仿说"他是保安"				
会做	能和保安打招呼				
态度	能尊敬学校的保安				
备注：完成情况中请用 1—3 表示，其他协助方式可根据学生实际情况填写。（1- 不需要；2- 偶尔；3- 经常）					

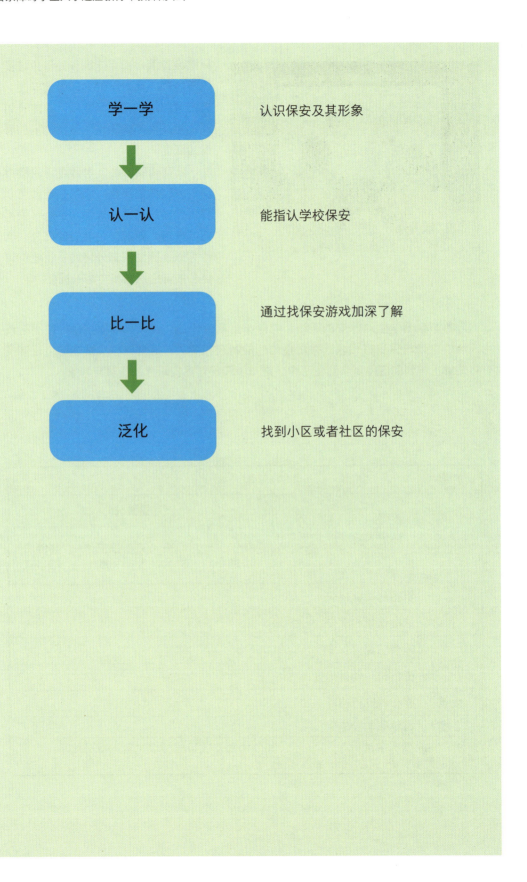

学一学 — 认识保安及其形象

认一认 — 能指认学校保安

比一比 — 通过找保安游戏加深了解

泛化 — 找到小区或者社区的保安

七、我开心

教学分析

孤独症学生对情绪的认知较为薄弱，不善于表达自己的内心感受，情绪调控能力也相对不足。他们可能在玩耍时突然放声大哭，或在课堂上反复哭笑。面对他人对自己情绪的描述时，他们往往显得迷茫不解，如当老师称赞他们"你笑得真好看"时，他们可能无法作出相应的回应。

鉴于学生在辨识他人情绪与表达自身情绪方面的困境，老师结合学生的认知发展特点，精心设计了本课的教学内容。通过一系列难度逐层递进的教学活动，老师引导学生在游戏中逐步认识并理解不同的情绪，鼓励他们尝试用恰当的方式表达自己的情感。同时，建议在日常生活的不同情境中，家长和老师能够积极引导学生运用所学，以进一步提升他们的情绪调控能力和社会交往能力，帮助他们更好地适应学校的学习生活。

教学目标

1. 能辨认开心的情绪。
2. 能表达开心。

教学准备

开心情绪卡、镜子、手机或相机、学生喜欢的物品

教学建议

本节课，老师可以巧妙地运用学生喜爱的物件，激发学生学习的兴趣。通过展示这些物件，老师能够轻易地捕捉到学生脸上洋溢出的愉悦与开心，引导他们自然地展现出开心的表情。随着教学的深入，老师将逐渐将关注点从物品本身转向生活中的实际场景，通过描述这些场景，帮助学生将开心的情绪与实际生活相联系。

在引导学生体验开心情绪的过程中，老师不仅要注重激发学生的情感，更要引导他们学会理解并感知他人开心的情绪。通过观察和模仿，学生能够逐渐掌握开心情绪的表现方式，并将其迁移到理解他人情绪的过程中。这样，他们不仅能够更好地表达自己的开心情绪，还能在社交场合中更加敏锐地察觉他人的情感变化，从而适应社会交往的需要。

（一）学一学

教师活动	学生活动	设计意图
老师首先描绘了开心表情的特点，如上扬的眉梢、弯成月牙的眼睛，以及嘴角洋溢的灿烂笑容，都是开心情绪最为直观的体现。随后，老师将镜子摆放在学生的面前，引导他们去观察镜中的自己和脸上的表情。	学生认识开心的表情并用镜子观察自己的面部表情。	旨在引导学生初步认识并理解开心这种情绪，从而逐渐建立起对情绪的初步印象。

注意事项：

1. 为了确保学生能够清晰地观察到自己的脸部表情，老师特意选用了尺寸适宜的镜子，使学生能够无障碍地看到自己的每一个笑容和喜悦之情。

2. 在摆放镜子时，老师特别注意调整其角度，确保与学生的脸部保持水平一致。

3. 当学生对着镜子做出开心的表情时，及时旁白强化"我开心"。

（二）练一练

教师活动	学生活动	设计意图
老师竖起大拇指，对学生露出赞赏的微笑，用温暖的声音表扬他们。	学生们竖起大拇指，展现出开心的表情。	帮助学生准确地感受自己的开心的情绪。

注意事项：

1. 老师在表达情绪时，应当保持真诚自然的面部表情，配以适度的夸张动作，以此来激发学生的兴趣与好奇心，使课堂氛围更为活泼生动。

2. 当发现学生的表情显得僵硬或缺乏活力时，老师可以播放一些学生喜爱的动画片段，通过动画片中生动有趣的情节和角色，激活学生的情绪，引导他们进入开心的状态。

（三）做一做

教师活动	学生活动	设计意图
老师热情地邀请学生们挑选自己喜欢的活动自由玩耍。	学生沉浸在自己喜欢的活动中。	旨在让学生感受积极开心的情绪。

注意事项：

1. 老师精心挑选学生喜爱的物品，这些物品不仅能激发学生的参与热情，还能让他们在玩耍时自然地流露出开心的情绪。

2. 在活动过程中，老师要时刻保持敏锐的观察力，细心捕捉学生脸上洋溢的开

心瞬间。一旦捕捉到开心的表情，老师要立即与学生分享这个开心情绪。

3. 对于那些口语能力有限的学生，老师可以设计肢体动作和开心情绪卡作为表达开心情绪的替代方式。学生可以通过简单的肢体动作或选择相应的情绪卡来传达自己的开心情绪。

（四）泛化

老师致力于为学生营造一个轻松、愉悦的学习环境，使他们能够自由、舒适地表达自己的开心情绪。通过精心设计的活动和游戏，老师引导学生积极参与其中，体验快乐、分享喜悦，并在实际情境中不断巩固和提升自己表达情绪的技能。

姓名		日期：			
评价内容		完成情况			
		动作协助	口头提示	独立完成	其他协助方式
会认	知道常见的情绪				
	知道我开心时的表情				
会做	对别人的表扬感到开心				
	能找到让自己开心的恰当方式				
	能告诉老师我正开心				
泛化	能在不同情境中，找到让自己的开心的恰当方式				
备注：完成情况中请用1—3表示，其他协助方式可根据学生实际情况填写。（1-不需要；2-偶尔；3-经常）					

教学思路

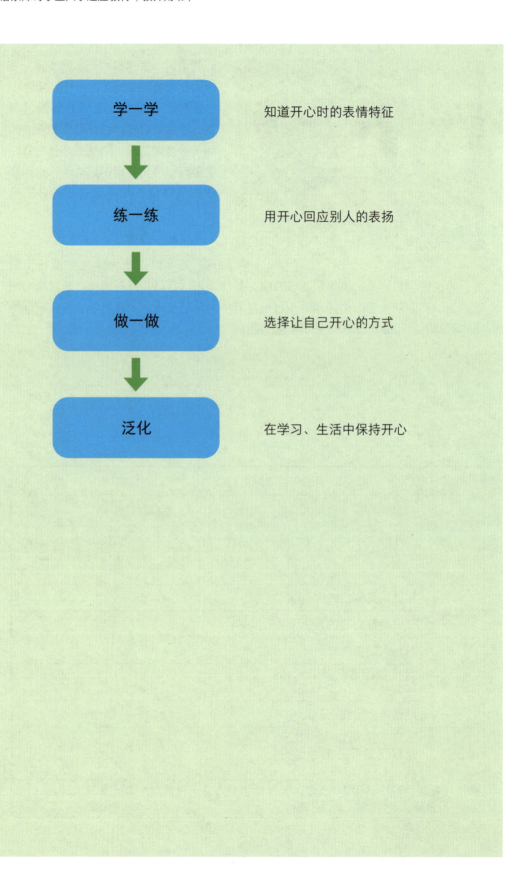

学一学　　　　　　知道开心时的表情特征

练一练　　　　　　用开心回应别人的表扬

做一做　　　　　　选择让自己开心的方式

泛化　　　　　　　在学习、生活中保持开心

八、我会停止

教学分析

孤独症学生在沟通时往往不够自然流畅，他们难以敏锐地察觉他人的存在，对于他人的指令也常常是听之任之，要么不作回应，要么不知道如何恰当回应。例如，当老师发出"停"的指令时，他们可能仍会我行我素，继续自己的动作。

鉴于学生在回应他人方面存在的困难，老师根据其认知发展特点，精心设计了本课的教学内容。通过一系列难度逐渐递增的教学活动，让学生在生动的例子中深刻理解"停止"这一指令的含义。老师引导学生学会遵循老师的指令，能够立刻停止正在做的事情。更重要的是，老师将这种能力在自然情境中加以泛化，旨在提升学生的指令听从能力，培养他们恰当回应他人指令的习惯。

通过这样的教学方式，帮助孤独症谱系障碍的学生更好地适应学校的学习生活，让他们在与人沟通和互动中更加得心应手。

教学目标

1. 能理解和听从"停止"的指令。
2. 在不同情境中，能停止正在做的事情。

教学准备

停止卡、玩具若干

教学建议

在本课的教学过程中，前期阶段老师应选取对学生吸引力适中的玩具，以便学生能够较为容易地放下手中的玩具，从而顺利理解并实践"停止"的指令。一旦学生初步掌握了这一指令的含义，老师可以逐渐引入更具吸引力的活动或事物，以激发学生的兴趣和参与度，同时进一步加深他们对指令的理解和执行能力。

到了教学的后期阶段，老师需要创设自然的情境，让学生在日常生活中能够自然地响应"停止"的指令，一旦听到，便能够立刻停下正在做的事情。通过这种方式，老师不仅能够提升学生的指令听从能力，还能够培养他们更加恰当地回应他人指令的习惯，使他们在与人沟通和互动中更加得心应手。

（一）学一学

教师活动	学生活动	设计意图
老师在正常授课的过程中，当需要学生停止当前的活动时，会明确地发出"停止"的指令，并配以相应的手势。	当学生听到"停止"的指令或看到老师做出的停止手势时，他们会立刻停下正在做的事情，迅速调整自己的状态，以执行老师的指导。	培养学生对指令的敏感度和执行力，帮助他们提高在课堂中的专注度和自我管理能力。

教学建议

注意事项：

1. 在教学伊始，老师会先给予学生短暂的自由活动时间，例如允许他们玩玩具 5 秒，随后便发出"停止"的指令，以此来引导学生初步认识并响应这一动作指令。

2. 老师在发出指令时，始终保持着清晰简洁的语言表达。

3. 当老师发出"停止"指令后，还会耐心协助学生停止当前的活动，通过具体的引导和示范，帮助学生更好地理解"停止"指令的含义。

（二）练一练

教师活动	学生活动	设计意图
老师让学生玩喜欢的玩具，时间到了后，老师说"停止"并做手势。	学生听到指令后，立刻放下手中的玩具，端正坐姿。	帮助学生逐渐适应并内化这些规则，养成良好的课堂行为习惯。

注意事项：

1. 当学生开始练习停止当前的活动时，为确保他们能够正确理解和执行指令，老师安排助教在一旁给予必要的提示和引导。

2. 一旦学生成功停止了正在做的事情，老师会及时对他们的行为进行描述和肯定，如"很好，你已经成功停止做事情了"。

3. 为了让学生在不同的课堂环境中都能够适应并执行"停止"指令，老师特意安排在不同的课堂中由不同的老师来发出这一指令。这样的做法旨在让学生明白，无论身处何处、面对哪位老师，都应该执行这一基本的课堂规则，从而培养他们的纪律性和适应能力。

（三）做一做

教师活动	学生活动	设计意图
老师和学生玩"走走停"的游戏，老师发出停止指令。	学生跟随老师一起玩游戏，当听到老师"停止"指令要停下来。	帮助学生适应了从静到动、从动到静的活动转换。

注意事项：

1. "走走停"游戏并非一成不变，老师可以根据教学需要和学生兴趣，灵活更换

为同性质的其他游戏，以维持学生的新鲜感和参与度。

2. 当学生在进行各种动态活动时，老师会适时发出"停止"指令。这一指令要求学生能够迅速从当前活动中抽身，调整状态，为接下来的学习或活动做好准备。

3. 老师不仅在游戏环节中强调"停止"指令的重要性，还应将其过渡到自然情境中，从而帮助他们更好地适应学校生活，养成良好的行为习惯。

（四）泛化

老师在学生的一日例行活动中，巧妙地运用"停止"指令来规范学生的行为，培养他们在自然的情境中能够停止正在做的事情的能力。通过不断的实践与引导，学生逐渐习惯了在接收到指令后立刻作出反应，这不仅提升了他们的自我控制能力，也为他们今后更好地适应学校生活和社会环境打下了坚实的基础。

姓名		日期：			
评价内容		完成情况			
		动作协助	口头提示	独立完成	其他协助方式
会认	理解"停止"的意思				
	理解"停止"的手势				
会做	听从指令，能停止正在做的事情				
	能根据情境的需求，停下来等老师				
泛化	在自然情境中，能停止正在做的事情				

备注：完成情况中请用 1—3 表示，其他协助方式可根据学生实际情况填写。（1- 不需要；2- 偶尔；3- 经常）

教学思路

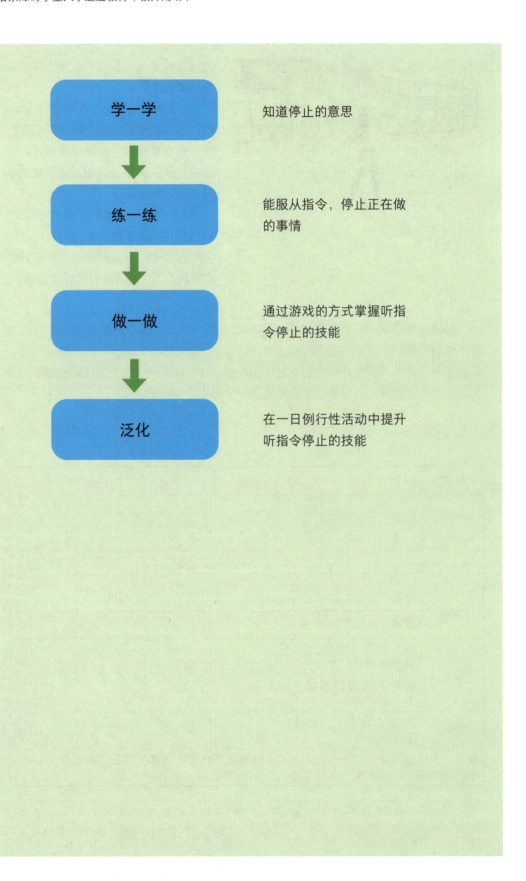

学一学 　　　知道停止的意思

练一练 　　　能服从指令，停止正在做的事情

做一做 　　　通过游戏的方式掌握听指令停止的技能

泛化 　　　在一日例行性活动中提升听指令停止的技能

九、我会放松

　　孤独症学生常常面临情绪调控的难题，他们不善于有效地管理自己的情绪，也缺乏恰当表达情感的方式。因此，焦虑情绪常常困扰着他们，进而引发一系列问题行为。例如，在陌生的环境中，他们可能会焦躁不安地来回跑跳；当听到厌恶的声音时，他们可能会捂住耳朵尖叫；面对具有挑战性的学习任务，他们甚至会掀起桌子。面对这些情绪调控难题，老师深入理解学生的认知发展特点，精心设计本课的教学内容。通过一系列难度逐渐递增的教学活动，老师指导学生认识并学习恰当的放松方式。这些教学活动旨在引导学生在有情绪时能够合理运用这些放松方法，帮助他们更好地理解和适应社交要求，从而更加顺畅地融入学校的学习生活。

　　1. 能理解放松的意思。
　　2. 能选择恰当的放松方式。

　　放松卡、舒适的环境、可使学生放松的物品（手偶、平板、书画本、笔）、奖励物

　　本节课，老师在前期阶段会细心观察并收集那些能够使学生感到放松的事物。通过这些发现，老师引导学生认识到哪些事物能够帮助他们进入放松的状态。起初，老师会利用学生喜欢的事物，如音乐、玩具或游戏等，让学生亲身感受放松的状态，从而帮助他们建立对放松方式的初步认知。当学生逐渐掌握这些基本的放松技巧后，老师会进一步引导他们学习更多恰当且有效的放松方式，以帮助他们更好地适应社会交往的需要。

（一）玩一玩

教师活动	学生活动	设计意图
老师拿出学生喜欢的玩具，让学生玩。	学生通过玩喜欢的玩具，体验放松的感觉。	让学生知道放松能帮助他们缓解紧张情绪，提高自我调节能力。

注意事项：
　　1. 在活动开始前，老师会确保学生的情绪处于平稳状态，营造一个舒适的活动环境。这样有助于学生在放松的状态下更好地参与活动，提升学习效果。
　　2. 放松的概念对于学生来说可能较为抽象，因此老师应采用简单易懂的方法来向学生解释这一概念。通过生动的示例和形象的比喻，帮助学生更好地理解放松的

教学建议

含义，从而学会运用放松的方式来调节自己的情绪。

3. 根据学生的沟通能力，老师会逐步引导他们从依赖放松卡过渡到使用口语表达"放松"。对于沟通能力较弱的学生，老师会借助放松图卡等辅助工具来帮助他们理解和表达；而对于沟通能力较强的学生，老师会鼓励他们直接使用口语来表达放松的需求，从而培养他们的口语表达能力。

（二）看一看

教师活动	学生活动	设计意图
老师指导学生一起通过平板观看视频。	学生一起通过看视频，体验放松的感觉。	让学生与同伴一起感受放松的状态。

注意事项：

1. 老师在观看视频时，会故意以夸张的方式展现放松的状态，以便学生能够更直观地感受到放松时的身体语言和表情变化。

2. 为了确保学生能够清晰地观察到老师的放松状态，老师会选择适当的角度和距离进行展示，让每一个学生都能从老师的神态和动作中感受到放松的氛围。

3. 当学生展现出平静的表情或说出"放松"时，老师会敏锐地捕捉到这一变化，并及时描述学生的状态为"放松"。同时，老师还会给予适当的奖励，以鼓励学生继续保持良好的放松状态，进一步巩固他们对放松概念的理解和掌握。

（三）写一写

教师活动	学生活动	设计意图
老师让学生用写字或者画画的方式放松。	学生写字或画画。	学生学习选择自己喜欢的放松方式，提升学生恰当表达情绪的能力。

注意事项：

　　1.学生在进行操作时，应当保持安静，营造一个专注且和谐的学习氛围。

　　2.教师应根据学生的个体差异，量身定制书写任务。对能力较强的学生，可以安排书写文字或进行算术练习，进一步锻炼其学术技能；对能力稍弱的学生，可以引导他们通过绘画来表达自己的想法，这样既能激发他们的学习兴趣，又能逐步提升他们的学习能力。

（四）泛化

当学生在校外时，能够灵活根据周围环境，选择恰当的放松方法。

姓名		日期：			
评价内容		完成情况			
		动作协助	口头提示	独立完成	其他协助方式
会认	理解放松的意思				
	知道放松时的感觉				
会做	知道恰当的放松方式				
	在课堂，选择恰当的放松方式				
	在课间，选择恰当的放松方式				
泛化	在校外时，能根据情境选择恰当的放松方式				

备注：完成情况中请用 1—3 表示，其他协助方式可根据学生实际情况填写。
（1-不需要；2-偶尔；3-经常）

教学思路

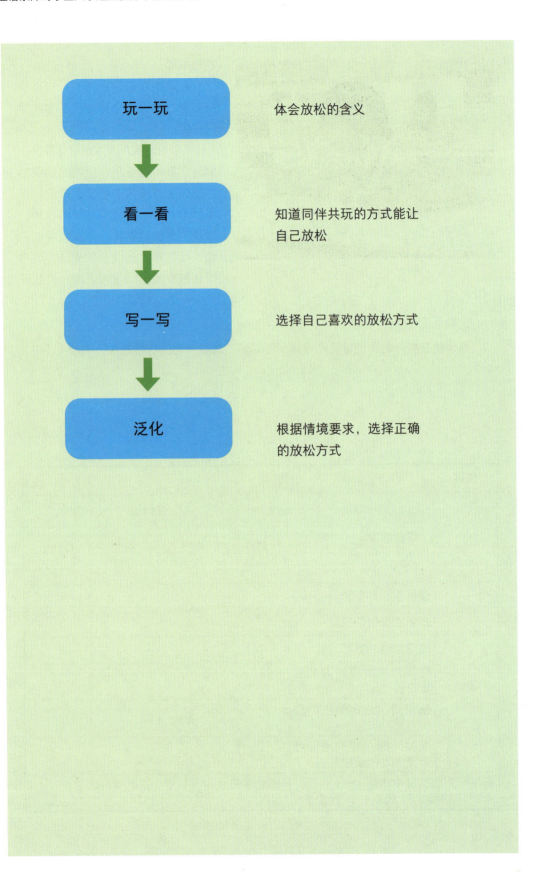

玩一玩　　　　体会放松的含义

看一看　　　　知道同伴共玩的方式能让
　　　　　　　自己放松

写一写　　　　选择自己喜欢的放松方式

泛化　　　　　根据情境要求，选择正确
　　　　　　　的放松方式

第三部分

生活适应

一、我会放水杯

　　孤独症学生的自我意识较为薄弱，常常难以准确识别自己的物品。他们可能对自己的书包、水杯等物品的存放位置感到困惑，容易误拿他人的物品。教师充分利用孤独症学生的视觉优势，结合学生的认知发展规律，精心设计了本节课的教学内容。

　　在本节课中，教师以学生已经熟悉的头像照片为基础，将其作为视觉提示工具。通过一系列生动有趣的活动，让学生在轻松愉快的氛围中逐渐掌握物品配对的技巧。教师鼓励学生将头像照片与自己的物品相联系，以便更加直观地识别和定位自己的物品。

　　为了巩固和泛化学生的这一能力，建议在日常生活的不同情境中广泛应用这一方法。无论是在教室、操场还是其他公共场所，都可以利用头像照片作为视觉提示，帮助学生快速找到并识别属于自己的物品。这样不仅能够增强学生的自我意识，还能帮助他们更好地适应学校的学习和生活。

　　通过本节课的学习与实践，帮助孤独症学生能够逐渐增强自我意识，提高自理能力，从而使其更好地融入学校环境，享受上学的乐趣。

　　1. 能辨认自己的水杯。
　　2. 能把水杯放置在指定的位置。

　　多媒体、学生头像图卡、水杯、学生喜欢的零食

　　在本课的教学中，教师创设"康康找不到自己的水杯"的情景。这一情境可以激发学生的好奇心和参与度，引出本节课的教学内容：如何准确辨认出自己的水杯，并将其放置到指定的位置。

　　鉴于学生已经能够识别出自己的头像照片，教师可利用这一认知基础，引导学生通过观察头像照片来找到属于自己的水杯。这一环节不仅增强了学生的视觉辨别能力，还让他们在实践中学会了将个人物品与个人信息相对应。

　　为了进一步提升学生的配对能力，教师采用了图片配对法和实践操作法等教学方法。通过展示图片，教师引导学生进行观察和比较，从而帮助他们掌握物品配对的技巧。同时，教师要鼓励学生亲自动手操作，将水杯放置到贴有自己头像照片的地方，让他们在实践中逐步提升自己的技能。

　　通过本节课的学习，学生不仅能够掌握辨认和放置个人物品的基本技能，还能够提升视觉辨别能力和配对能力。这些能力将对他们未来的学习和生活产生积极的影响，有助于他们更好地适应学校环境，提高自理能力。

教学建议

（一）认一认

教师活动	学生活动	设计意图
教师展示学生的头像照片，引导学生仔细观察，并指导学生找到贴有自己头像照片的水杯。	学生根据提示找到自己的水杯。	帮助学生更准确地识别出自己的物品，同时也提升了他们的自我意识。

注意事项：

1. 学生应先具备认识自己头像照片的先备技能。

2. 为了确保学生能够迅速且准确地识别出自己的头像照片，教师需精心挑选尺寸适中、清晰明了的照片。

3. 在展示头像照片或水杯的过程中，教师始终注意物品与学生的视线保持平视，以便学生能够更加直观地观察和识别。

（二）拿一拿

教师活动	学生活动	设计意图
教师引导学生从书包拿出自己的水杯。	学生独立把水杯从书包拿出来。	通过引导学生观察、记忆和实际操作，培养他们的动手能力。

注意事项：

1. 对于尚无法独立识别自己水杯的学生，教师给予适当的协助，确保每位学生都能顺利找到自己的水杯。

2. 每当有学生成功地识别出自己的水杯或准确无误地拿到自己的水杯时，教师要及时给予他们奖励，以此激发他们进一步学习的热情和动力。

3. 在初始阶段，教师会借助一些辅助手段，如在水杯上粘贴学生的头像照片和名字，帮助他们迅速找到自己的水杯。随着学生逐渐掌握这一技能，教师要逐步撤销这些辅助手段，鼓励学生通过辨识水杯的特征（如颜色、外形等）来找到自己的水杯，从而培养他们的观察力和记忆力。

（三）放一放

教师活动	学生活动	设计意图
教师将自己的水杯放置在指定位置，引导学生们仔细观察，学习如何正确放置水杯的技巧和方法。	学生根据教师的提示，将自己的水杯放置在贴有自己头像照片的水杯放置处。	通过该环节，提升学生的视觉辨别能力和精准配对能力。

注意事项：

1. 为了帮助学生更快速地找到自己的水杯，教师在水杯和水杯放置处都粘贴了相同的头像照片，并确保这些照片都位于醒目的位置，让学生一眼就能辨认出来。

2. 对于那些能够快速且准确地找到自己的水杯，并将其放到指定位置的学生，教师要及时给予奖励，以鼓励他们的出色表现。

3. 为了增添课堂的趣味性和互动性，教师可以设置"康康请同学们喝饮料"的故事情境。康康将邀请大家拿起自己的水杯来装上饮料，享受这一美妙的时刻。

（四）泛化

能在宿舍、家里等其他情境中找到自己的水杯；喝完水后，能将水杯再放回。

姓名		日期：			
评价内容		完成情况			
		动作协助	口头提示	独立完成	其他协助方式
行为目标	从多个水杯中拿出自己的水杯				
	把水杯放到指定的位置				
泛化	能在不同情境中拿、放自己的水杯				
备注：完成情况中请用1—3表示完成情况，其中其他协助方式可根据学生实际情况填写。（1- 不需要；2- 偶尔；3- 经常）					

教学思路

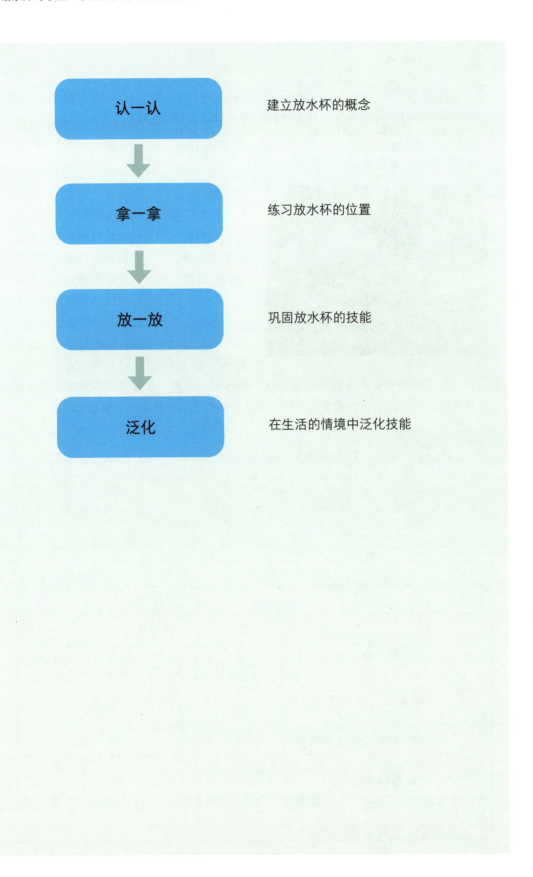

认一认　　　　建立放水杯的概念

拿一拿　　　　练习放水杯的位置

放一放　　　　巩固放水杯的技能

泛化　　　　　在生活的情境中泛化技能

二、我会放书包

教学分析

在学生们已经能够识别自己头像照片的基础上，教师可以利用这些头像照片作为视觉提示。在轻松愉悦的课堂氛围中，引导学生们初步掌握配对技巧，使他们能够准确找到自己的书包，并将其放置在指定的区域。这一过程不仅锻炼了学生们的观察力和配对能力，更在无形中增强了他们的自我意识。

建议在日常生活中，在不同的情境中泛化这一教学内容，以帮助孤独症学生逐步习得找到并管理自己物品的能力。

教学目标

1. 能辨认自己的书包。
2. 能把书包放到指定区域。

教学准备

多媒体、头像图卡、书包、学生喜欢的零食

教学建议

在教学时，教师创设了"康康找不到自己的书包了"这一故事情境，引出本节课的教学内容——学习辨认自己的书包，并将其准确放置在指定的区域。考虑到学生们已经具备了识别自己头像照片的能力，教师进一步引导他们通过观察头像照片来定位自己的书包，从而确保每个书包都能准确无误地放置在贴有对应头像照片的指定区域（即书包区）。

在教学过程中，教师采用了图片配对法和实践操作法等教学方法，通过多种实践活动，逐步提升学生的视觉辨别能力和精准配对能力，在实际操作中深化了对物品归属感和空间定位的理解。

（一）学一学

教师活动	学生活动	设计意图
教师一边讲解一边演示：解开书包、拿好书包、放下书包这几个动作。	学生在协助下多次练习解开书包、拿好书包、放下书包的动作。	提升学生手眼协调能力和自我管理能力，培养他们独立生活的自信心和责任感。

注意事项：

1. 教师提前录制关于解开书包、拿好书包、放下书包的详细视频，并通过多媒体循环播放，引导学生们仔细观察视频内容，以便更好地掌握技能。

2. 对于那些尚无法独立完成操作的学生，教师及时给予协助。

3. 对于能够顺利完成解开书包、拿好书包、放下书包这三个动作的学生，教师要及时给予奖励。

| 1.解开书包 | 2.拿好书包 | 3.放下书包 |

（二）练一练

教师活动	学生活动	设计意图
教师示范把自己的书包放到书包放置区，引导学生观察和学习技巧。	学生根据教师的提示，把自己的书包放到贴有自己头像照片的书包放置区。	提升学生的视觉辨别能力和配对能力，建立起自我认知和自我管理意识。

注意事项：

1. 为了确保学生能够准确无误地找到自己的书包，教师应在书包上以及书包放置区都粘贴相同的头像照片，并且将这些照片都贴在显眼的位置。

2. 对于那些能够准确找到自己的书包，并将其妥善放置的学生，教师要及时给予奖励，以鼓励他们继续保持这种良好的表现。

3. 在设置书包放置区时，教师要充分考虑学生的能力差异。对能力较强的学生，教师要将书包放置区设置在柜子内部，提高练习的难度；而对于能力较弱的学生，教师会将书包放置区设置在台面，以方便他们辨认和拿取。

（三）做一做

教师活动	学生活动	设计意图
教师完整示范解开书包、拿好书包、放好书包的动作，同时重点强调要将书包放在有自己的头像照片的区域才是放好了。	学生根据教师的提示，完整地操作解开书包、拿好书包、放好书包这三个步骤，在提示或协助下把书包放到有自己的头像照片的书包放置区。	进一步提升学生的视觉辨别能力和配对能力，提升学生的自我认知。

注意事项：

1. 在放好书包这一环节中，教师应特别提醒学生把书包放整齐。

2. 对那些能够快速且准确完成放好书包任务的学生，教师应及时给予奖励，激发学生的积极性，让他们更加乐于参与课堂活动，同时也能巩固和加深他们对学习内容的理解。

3. 对尚不能放好书包的学生，教师应降低难度，提供协助帮助他们完成任务，体会到怎么做才是放好了书包。

按顺序，连一连

1. 解开书包　　　　　　2. 拿好书包　　　　　　3. 放下书包

（四）泛化

能在家里、外出活动时将自己的书包放在指定的区域，并在需要时找出自己的书包。

姓名		日期：			
评价内容		完成情况			
		动作协助	口头提示	独立完成	其他协助方式
行为目标	能找到自己的书包				
	能完成解开书包				
	能把书包放到指定的区域				
泛化	能在不同情境中将书包放置在指定区域，并在需要时找出				
备注：完成情况中请用 1—3 表示完成情况，其中其他协助方式可根据学生实际情况填写。 （1- 不需要；2- 偶尔；3- 经常）					

教学思路

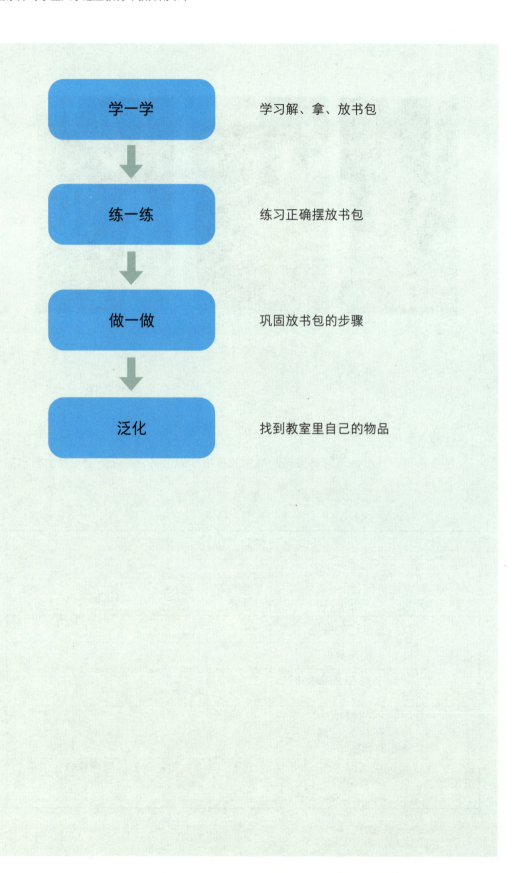

学一学	学习解、拿、放书包
练一练	练习正确摆放书包
做一做	巩固放书包的步骤
泛化	找到教室里自己的物品

三、我会找座位

教学分析

孤独症学生的自我意识感相对薄弱，他们常常在寻找座位或物品时感到迷茫。比如，进入教室后，他们可能无法找到自己的位置，也无法按照指定的座位就座。

本节课中，教师充分利用学生已经熟悉的头像照片作为视觉提示，帮助学生准确地确定自己的位置。同时，教师也建议在不同的生活情境中泛化练习，以帮助学生巩固和泛化这一能力。

通过这样的教学设计，教师希望能够帮助孤独症学生更好地适应学校的学习环境，增强他们的自信心和独立性，为未来的学习和生活奠定坚实的基础。

教学目标

1. 能辨认自己的座位。
2. 能找到自己的座位并坐下。

教学准备

多媒体、头像图卡、学生喜欢的零食

教学建议

在教学本课时，教师巧妙创设了"康康邀请同学们看电影，但需各自找到对应座位"的故事情境，以此激发学生的探索欲与学习兴趣。在学生们已经能够准确识别自己头像照片的基础上，教师进一步引导他们通过观察头像照片来定位自己的椅子和桌子，从而找到属于自己的座位并坐好。通过富有趣味性和互动性的活动，学生们能够在轻松愉快的氛围中积极参与，提升能力。

（一）学一学

教师活动	学生活动	设计意图
教师展示学生的头像照片，引导学生观察并找到贴有自己头像照片的桌椅。	学生观察自己的照片，并找到贴有自己头像照片的桌椅。	帮助学生提升他们的视觉辨别能力，使其能够迅速地识别出与自己相关的信息。

注意事项：

1. 为了确保学生能够轻松辨认，照片应足够大，并选用学生的近照，以充分展现其面部特征。

2. 在张贴照片时，应选择显眼的位置，例如桌子左上方，便于学生一眼就看到。同时，务必避免任何遮盖物挡住照片。

教学建议

（二）认一认

教师活动	学生活动	设计意图
教师每次让一个学生走出座位，引导学生找到自己的位置并坐好。	学生发现班级空缺位置，结合自己的照片，找到自己的位置并坐好。	引导学生初步掌握配对的技能。

注意事项：

1. 建议教师课前调整学生的座位，让能力一般的学生坐在较近的位置，方便教师给予及时的指导和支持。

2. 在教学过程中，教师会根据学生的个体差异，采取不同的支持方式。对于需要明确提示的学生，教师会指着学生的桌椅说："你的位置在那边，慢慢走过去。"而对于需要更多帮助的学生，教师则会亲自带领他们到位置上，并说："这是你的位置，坐好后就开始上课啦。"

3. 为了增添课堂的趣味性，教师可以巧妙地融入一些律动活动。

（三）练一练

教师活动	学生活动	设计意图
教师让全部学生离开座位，引导每一个学生找到位置并坐好。	学生根据教师的提示，找到自己的座位坐下。	增强学生的视觉辨别能力和配对能力。

注意事项：

1. 为学生提供清晰明确的标识，便于他们快速识别自己的座位。

2. 对于那些能够快速且准确找到自己的座位并坐好的学生，教师要及时给予奖励，鼓励他们继续保持这种良好的表现。

（四）泛化

教师带领着学生们到饭堂，寻找贴有自己头像照片或名字的座位，找到后就座并安静地等待就餐。重复 1-2 周后，把头像照片或者名字撤掉，再让学生寻找到属于自己的就餐位置。

姓名		日期：			
评价内容		完成情况			
		动作协助	口头提示	独立完成	其他协助方式
行为目标	找到自己的椅子				
	找到自己的桌子				
	把自己的椅子搬到自己的桌子前摆好				
	安静坐好				
	走动起来，听指令找座位，并坐下				
泛化	找到自己的就餐座位				

备注：完成情况中请用 1—3 表示完成情况，其中其他协助方式可根据学生实际情况填写。
（1- 不需要；2- 偶尔；3- 经常）

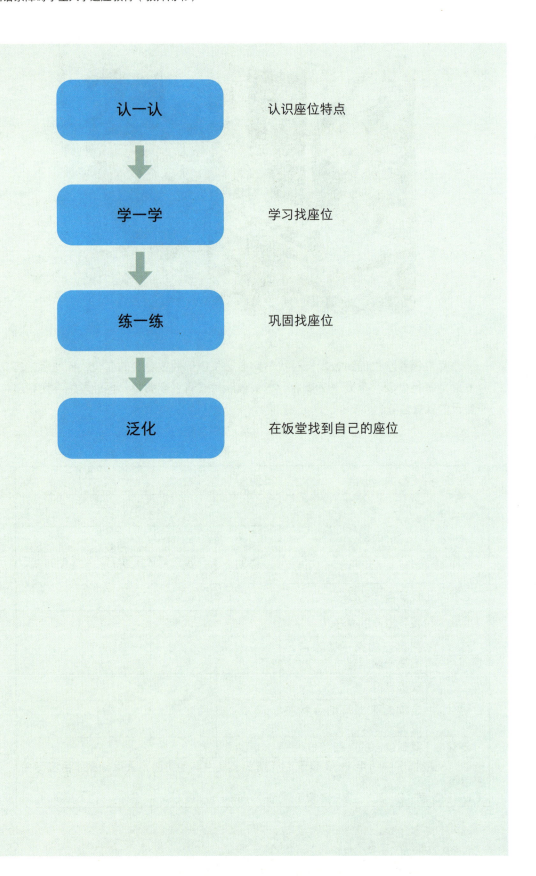

认一认　　　　认识座位特点

学一学　　　　学习找座位

练一练　　　　巩固找座位

泛化　　　　在饭堂找到自己的座位

四、我会站直

孤独症学生注意力容易分散，听从指令的能力普遍较弱，并且他们在自我控制方面存在不同程度的障碍。以"站直"这一指令为例，尽管学生们对此并不陌生，但往往在听到指令后无法给予及时的回应，更难以正确的姿势站立。他们对于站直时头部、手部、脚部的正确姿势往往缺乏清晰的认识。

本节课通过一系列难度递增的教学活动，让学生在多样化的情境中理解并掌握"站直"这一指令。教师期望学生不仅能够遵循老师的指令，还能够掌握正确的站姿，并在日常的自然情境中灵活运用这一技能。

1. 能听从"站直"的指令。
2. 能保持正确的站姿。

课件、图片、流动红旗、人形玩偶（关节可活动）

在教学中，教师首先播放学生在升国旗时的视频片段，引导学生仔细观察视频中人们的站姿。通过这一情景的引入，教师帮助学生直观地理解站直指令的重要性。随后，教师逐步增加站直动作的要求，包括抬头挺胸、双脚并拢，以及双手自然放置于大腿两侧。通过这样的逐步引导，学生能够逐渐掌握正确的站姿，并提升他们按照"站直"指令做出正确反应的能力。

（一）学一学

教师活动	学生活动	设计意图
教师出示学生站直的示范图，讲解站直的要求并指导学生站直。	学生根据教师的指令，在原地站直。	帮助学生理解和掌握"站直"这一指令。

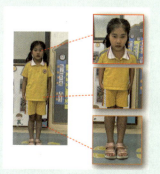

注意事项：

1. 教师在发指令时，语言应清晰、简洁，使学生能够理解并作出反应。

2. 当教师发出"站直"的指令后，应立即示范正确的站直姿势，为学生提供直观的参考，帮助他们更好地理解并掌握正确的站姿。

3. 课前，教师可以在校园中拍摄一些学生站直的照片，作为正确或错误的示范用于教学。这些照片将有助于学生直观地了解站直的标准姿势，并更好地掌握这一技能。

（二）练一练

教师活动	学生活动	设计意图
教师站在学生面前，发出"站直"指令，引导学生观察站直时，做到头抬高、脚并拢，双手放在大腿两侧。	学生在听到教师的指令后，模仿站直的动作。	正确的站姿有助于学生保持良好的注意力和专注力，提高学习效果。

注意事项：

1. 当学生开始练习站直时，教师可以在地板上放置塑料圆圈作为辅助工具，这些圆圈不仅能够提供视觉上的提示，还能帮助学生意识到在站直的过程中应保持身体的稳定，避免随意走动。

2. 一旦学生能够熟练地达到头抬高的要求，教师便可以教授下一个动作，将手自然地放在大腿两侧。

3. 在发出"站直"的指令后，教师首先应该亲自示范正确的站直姿势，然后仔细观察学生的动作，并及时纠正他们的错误。这样的互动不仅能够加深学生对正确站姿的理解，还能帮助他们更快地掌握技巧。

（三）做一做

教师活动	学生活动	设计意图
教师创设颁发流动红旗的情景，邀请学生上前以站直姿势领旗。	听到指令后，学生站直并拿好流动红旗。	创设贴合学生校园生活经验的情景，以提升学生的能力。

注意事项：

1. 教师要充分考虑到学生之间的能力差异，设置不同难度的挑战。对于能力稍弱的学生，教师安排他们与已经能够熟练站直并领旗的学生合影，这样既能够给予他们足够的鼓励，又能够让他们在实际操作中练习该动作。

2. 除了颁发流动红旗的情景外，教师还可以根据实际情况更换其他需要站直的情景，如晨迎情景等。这样的变化不仅能够增加活动的趣味性，还能够让学生在不同的场景中锻炼和巩固站直的能力。

3. 对于能够成功完成站直领旗任务的学生，教师会及时给予强化奖励，以鼓励他们继续保持优秀的表现。

（四）泛化

在学校中，教师应结合不同的情景活动，让学生在实际场景中运用并巩固"站直"指令的正确姿势。无论是上课还是下课起立，学生都应保持挺拔的站姿，展现出良好的精神风貌。在晨迎活动中，学生应以标准的站直姿势迎接每一位师生，展现学校的良好形象。而在升国旗的庄重场合，学生更应以标准的站姿表达对国旗的尊重。通过在这些实际情景中反复练习，学生能够更加深入地理解和掌握"站直"指令，进一步巩固和提升这一技能。

姓名		日期：			
评价内容		完成情况			
		动作协助	口头提示	独立完成	其他协助方式
服从	听到"站直"指令后，能站直				
行为	头：抬高、摆正				
	手：放在大腿两边				
泛化	帮人形玩偶站直				
	在生活情境中，能站直				

备注：完成情况中请用 1—3 表示完成情况，其中其他协助方式可根据学生实际情况填写。
（1- 不需要；2- 偶尔；3- 经常）

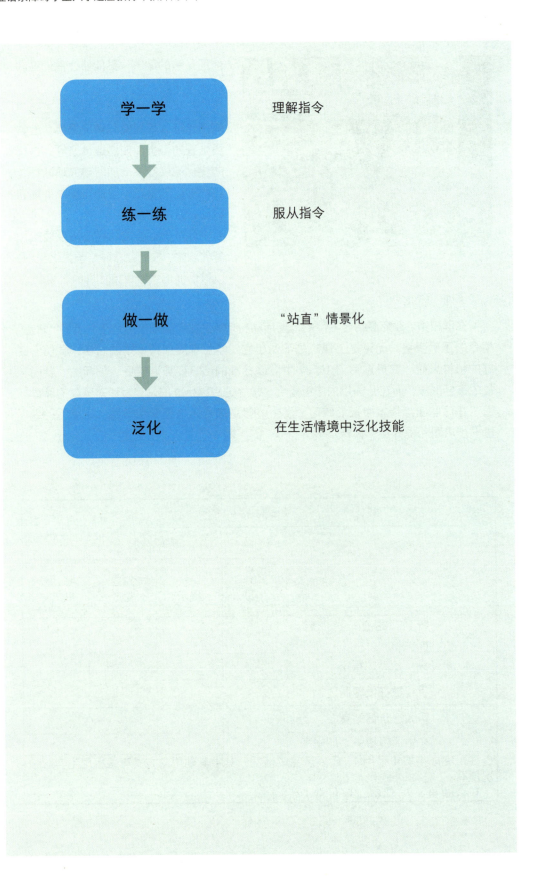

教学思路

学一学	理解指令
练一练	服从指令
做一做	"站直"情景化
泛化	在生活情境中泛化技能

五、我会找校服

孤独症学生对于服饰的了解相对有限，特别是对于校服缺乏关注。他们难以辨识校服，更难以理解校服的内在意义及其象征性。例如，他们可能无法辨认出校服的颜色，无法指出校徽的具体位置，也无法通过校服的款式来识别自己学校的校服。

基于学生的能力特点，教师设计一系列符合学生认知特点的教学活动，让学生在轻松愉快的氛围中学习，将学习与娱乐相结合。通过这些活动，学生不仅能够掌握校服的特点，还能在日常生活中逐渐学会分辨自己的衣物。

这样的教学方式可以帮助学生更好地感受校服的意义，提升他们根据服饰特点认识不同衣物的能力。

1. 能辨认校服。
2. 能找到自己的校服。

校服、图片、操作板

在教学过程中，教师首先利用学生们的便服进行导入，引导学生们仔细观察自己便服的特点。接着，教师展示校服，并引导学生们进行比较，找出两种服装的不同之处。

为了让学生们更直观地认识校服，教师让他们从两件服装中辨认出校服。随后，教师又引导学生们通过校服的图片进行训练，从两张或更多图片中准确挑选出校服。这一过程不仅锻炼了学生们的观察力，更培养了他们的抽象思维能力。

（一）学一学

教师活动	学生活动	设计意图
教师把学生的便服与校服进行比较，引导学生观察学习校服的特征，如款式、颜色、图案等。	学生根据教师的提示，学习辨认校服的特征。	通过实物之间的直观比较，帮助学生理解校服的特征。

注意事项：

1. 通过展示与校服差异显著的日常服装，吸引学生们的注意力，使他们能够更直观地感受到两者之间的不同。

2. 校徽代表着学校的荣誉与身份，同时也是学生们归属感与认同感的象征。因此，教师可以重点介绍校徽，并借助多媒体技术将其放大展示，以便学生们能够更清晰地观察到其细节。

（二）做一做

教师活动	学生活动	设计意图
把校服放在桌面，引导学生观察，问："这是什么？""有什么特征？"	学生说出"这是校服"并列举校服的特征，指出校徽的位置。	引导学生观察和认识校服。

注意事项：

1. 桌面上仅摆放着一件整洁的校服，没有过多的干扰物，使得学生们的注意力能够完全集中在校服上。

2. 教师要求学生仔细观察自己身上的校服，并引导学生从颜色、校徽等方面描述其特征。

（三）练一练

教师活动	学生活动	设计意图
教师在桌子上放置校服和学生便服，引导学生对比两件衣服的不同，并知道什么时候穿什么衣服。	学生对比校服和便服的区别，学习区分衣服的技巧。	锻炼学生的观察能力，巩固学生对校服的认识。

注意事项:

1. 考虑到学生之间的能力差异，教师设置了不同难度的挑战，以确保每位学生都能在适合自己的层次上获得进步。

2. 当学生成功地从不同的服装中找出校服时，教师还要学生尽可能详细地描述出校服的特征。

3. 对于能力稍弱的学生，教师应给予适当的动作或语言提示，帮助他们更好地观察和理解。

（四）泛化

鼓励家长在家引导孩子学会从衣柜中独立找出自己的校服，并在上学前穿上。这不仅是对他们学习成果的一种检验，更是提升他们日常生活技能的有效途径。

姓名		日期:			
评价内容		完成情况			
		动作协助	口头提示	独立完成	其他协助方式
会说	能说出"黄色"				
	能说出"校徽"				
	能说出"校服"				
会找	在校服中找到校徽				
	在实物中找到校服				
	在图片中找到校服				

备注：完成情况中请用1—3表示完成情况，其中其他协助方式可根据学生实际情况填写。
（1- 不需要；2- 偶尔；3- 经常）

教学思路

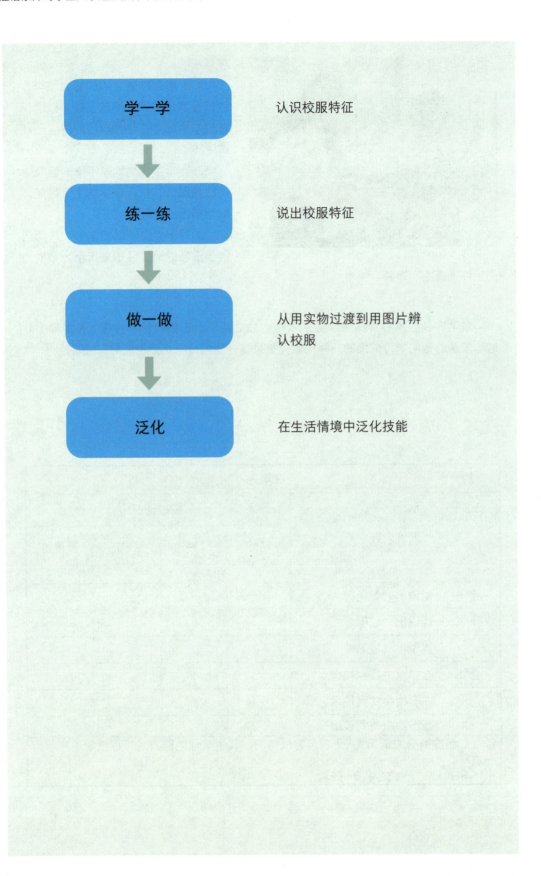

学一学	认识校服特征
练一练	说出校服特征
做一做	从用实物过渡到用图片辨认校服
泛化	在生活情境中泛化技能

六、我会照镜子

教学分析

孤独症学生很少关注自己的脸部状态，无法准确判断脸部是否干净，更不会主动使用镜子和纸巾等工具来保持脸部的整洁。比如，他们可能无法认识镜子的作用，不会察觉到自己的脸部变脏了，也无法通过镜子发现脸上的污渍，更不会用纸巾去擦拭干净。

本节课通过设计照镜子、擦拭脸部等环节，让学生能够认识镜子，学习通过镜子看自己的脸是否干净，还能够掌握用纸巾正确擦拭脸部的技巧。此外，建议在日常生活中不同的情境下泛化技能，帮助学生巩固所学内容，养成良好的卫生习惯。

教学目标

1. 学习照镜子。
2. 能对着镜子把脸擦干净。

教学准备

镜子、玩偶、番茄酱、图片、奖励物

教学建议

在教学中，为了更好地吸引学生的注意力并激发他们的学习兴趣，教师特意在自己的脸部涂上番茄酱，以这种直观而有趣的方式呈现出一个"脸脏了"的情景。然后，提出问题："脸脏了，怎么办？"旨在引起了学生们的关注和好奇。

紧接着，教师逐步演示照镜子、找污渍和擦干净这三个关键步骤。教师首先拿起镜子，展示如何通过镜子观察自己的脸部，并指导学生们如何正确使用镜子。然后，教师指着自己脸上的番茄酱污渍，引导学生们观察并找到污渍的位置。最后，教师取出纸巾，示范如何轻轻擦拭脸部，将污渍彻底清除。

在整个过程中，要注重引导学生们积极参与观察和实践，并引导他们认真地观察教师的每一个动作，尝试着模仿并理解这些步骤。

这样的教学方式不仅生动有趣，而且能够让学生在轻松愉快的氛围中学习新知识。通过这样的教学活动，学生们不仅能够加深对脸部清洁的认识，还能够提高他们的自我意识和生活自理能力。

（一）学一学

教师活动	学生活动	设计意图
创设美食分享会的情景，老师分发蘸有番茄酱的薯条给学生，吃完后教师让学生站在全身镜前，对学生说："你的脸怎么啦？"引导学生观察镜子中的自己。	学生通过镜子，学习在镜子中找到脸上污渍的技巧。	让学生认识镜子的作用，并学习利用镜子来发现脸部的污渍。

注意事项：

1. 当使用非固定的落地镜时，教师务必提醒学生在照镜子时，确保镜子正对自己的脸部。镜子的高度要适中。在手持镜子时，需保持稳定。

2. 镜子的尺寸要合适，确保学生清晰地观察到自己脸部的每一个细节。

3. 在照镜子时，学生需要注意与镜子的距离。脸部不能离镜子太近，以免脸部特征过于放大，也不宜离得太远，以免细节模糊。

（二）练一练

教师活动	学生活动	设计意图
教师出示脸脏了的玩偶，引导学生发现污渍并使用纸巾擦干净。	学生指出玩偶脸上的污渍，并用纸巾帮玩偶擦干净。	学习清洁脸部污渍的技巧，增强生活自理能力。

注意事项：

1. 在清洁脸部污渍时，特别强调使用纸巾进行擦拭，而不是直接用手。直接用手擦拭不仅不卫生，还擦不干净。

2. 在使用纸巾擦拭时，需要注意纸巾的使用方式。纸巾不能揉搓成团，因为这样会减少纸巾的擦拭面积，降低清洁效果。正确的方法是将纸巾轻轻展开，贴在脸部污渍处，然后轻轻按压并擦拭，以确保有效清除污渍。

3. 此外，当一次擦拭未能将脸部完全清洁干净时，教师需要耐心地引导学生进行多次擦拭。

（三）做一做

教师活动	学生活动	设计意图
教师示范通过照镜子找到污渍并使用纸巾擦干净脸部。	学生学习通过镜子使用纸巾擦干净自己的脸。	帮助学生提升自己擦干净脸部的能力，并养成良好的卫生习惯。

教学建议

注意事项：

1. 在清洁脸部的过程中，教师强调借助纸巾或者手帕擦拭的重要性。

2. 在擦拭时，学生需要保持稳定，头部不能乱动。眼睛应始终注视着镜子中的脸部，特别是污渍的位置。这样可以确保擦拭的准确性和有效性。

（四）泛化

午餐过后，教师提醒学生照镜子，仔细观察自己，寻找可能存在的污渍。随后，指导学生运用之前学到的技巧，有效地将污渍擦拭干净。这一环节不仅是对课堂知识的实际应用，更是将学习与生活紧密相连，让学生在真实的生活情境中巩固知识、提升技能。

教学评价

姓名		日期：			
评价内容		完成情况			
		动作协助	口头提示	独立完成	其他协助方式
认知	能认识镜子				
行为目标	会照镜子				
	会找污渍				
	会帮玩偶擦干净脸				
	会用镜子清洁自己的脸				
泛化	午餐后能用镜子擦干净脸				

备注：完成情况中请用 1—3 表示完成情况，其中其他协助方式可根据学生实际情况填写。
（1- 不需要；2- 偶尔；3- 经常）

教学思路

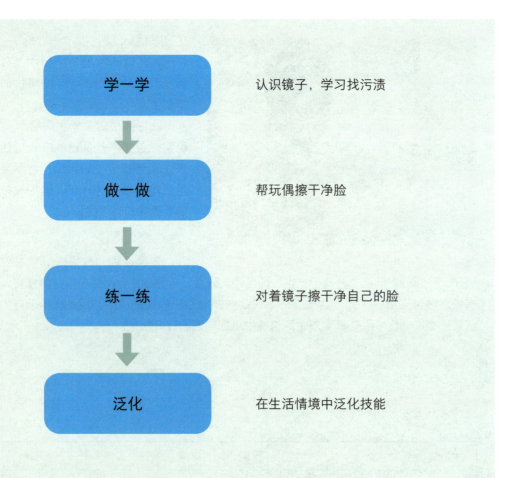

学一学 —— 认识镜子，学习找污渍

做一做 —— 帮玩偶擦干净脸

练一练 —— 对着镜子擦干净自己的脸

泛化 —— 在生活情境中泛化技能

七、我会用课程表

孤独症学生往往在面对陌生的环境、不熟悉的生活方式以及突如其来的流程变动时，会感到焦虑与不安。这种未知因素常常引发他们一系列不当的情绪和行为反应。比如，他们可能会变得焦躁不安，表现出大喊大叫、摔东西，甚至攻击他人的行为。

教师了解到他们更倾向于通过视觉方式接收和处理信息。因此，他们的学习生活离不开各种视觉提示的辅助。

在教学过程中，可以设计让学生参与制定并管理自己课表的环节。他们通过到校后排列课表，下课后再撕下课表的方式，直观地了解自己已经完成了哪些任务，正在进行什么活动，以及接下来将要做什么。这样的视觉化方式不仅帮助他们建立起清晰的时间观念和任务意识，还能有效地减少因未知而带来的焦虑感，使他们更好地适应学校的学习和生活节奏。

1. 能认识课程表。
2. 会使用个人课程表。

大小课表卡片若干套、课表模板、学生头像

在教学时，教师首先引导学生逐步认识课表上的图片。对于那些能力较强的学生，教师还要求他们尝试认识卡片上的汉字。在教学时可以从学生最喜欢的课程开始引导他们认识课表，然后逐步增加课程的数量，直至学生能够熟练识别课表中所有的课程。

随后，教师指导学生排列一日课表。在这个过程中，逐步减少对学生的提示，鼓励他们独立思考和操作。最终的目标是让学生能够自主排列课表，并在每节课结束后，将相应的课表卡片撕下并放入收纳篮中。

通过这样的教学活动，学生不仅能够增强对课表的认识和理解，还能够提高他们的自我管理和组织能力。同时，这也有助于培养他们的责任感和独立性，使他们更好地适应学校的学习和生活。

（一）学一学

教师活动	学生活动	设计意图
教师通过多媒体展示课程表的图片，讲解每张课表图片的特征和含义。	学生跟随教师的提示，了解课程表的含义。	帮助学生建立辨认课程表的能力，有助于他们更好地规划自己的学习时间和任务。

教学建议

生活适应　　　　　升旗

绘本阅读

注意事项：

1. 在引导学生学习辨认图卡时，建议先从他们最喜欢的课程开始。

2. 在教学过程中，充分调动学生的视觉、听觉等多种感官，让学生尽可能充分地理解和记忆课程内容，从而提升学习效果。

3. 当学生能够辨认80%以上的课表时，教师再进一步教授排课的步骤及技巧。这样可以确保学生在掌握基础知识的基础上，进一步提升他们的实际应用能力。

（二）认一认

教师活动	学生活动	设计意图
教师拿出个人课程表，教导学生了解个人课程表的特征和使用技巧。	学生通过看的方式，初步了解个人课程表的使用方式。	帮助学生通过课程表来规划和安排自己的学习时间和任务。

注意事项：

1. 为了使学生更直观地理解和掌握，建议添加详细的步骤图，将每一个步骤具象化。

2. 针对那些注意力较弱的学生，可以特别制作大型的个人课程表，以便他们更清楚地看到每个课程的安排，从而提升他们在课堂上的学习效果和参与度。

（三）练一练

教师活动	学生活动	设计意图
教师根据当日课程安排出示相应课表卡片，带领学生熟悉课表，再引导学生按顺序粘贴课表。	学生学习粘贴个人课表的技巧，并完成当天的粘贴课表的任务。	帮助学生深入地了解课表的结构和内容，掌握排课表的技巧。

注意事项：

1. 为了让学生专注学习，教师应提前筛选出当天的课表，避免其他日期课表产生干扰，提高学生的学习效果。

2. 在排课表的过程中，教师应注重与学生的互动与配合。每排一张课表，都要求学生紧跟教师的节奏，认真模仿并操作，排好后耐心等待。这样的互动不仅能提高学生的参与度，还能帮助他们更好地掌握排课表的技巧。

3.在粘贴课程表时，教师应强调对应数字的重要性，强调数字几即代表第几节课。通过反复强调和实践，让学生在潜移默化中掌握这一规则，从而更加准确地理解和应用课程表。

4.为了进一步提升课堂效果，教师还可以制作详细的步骤图并贴在学生的课桌上。这些步骤图能够为学生提供直观的指引，帮助他们更好地理解和掌握排课表的流程和方法。

（四）做一做

教师活动	学生活动	设计意图
提前将当日的课表排好，引导学生通过说一说、看一看、做一做的方式，熟悉当日课程的顺序及排课步骤。	学生根据教师的引导学习如何使用个人课程表。	帮助学生能够更加高效地学习并掌握排课表的技巧，为今后的学习生活奠定坚实的基础。

注意事项：

1.教师展示全部的卡片，增加学生在排课过程中的干扰因素。这样做能锻炼学生在复杂情境下仍能准确、迅速地选择正确的课表卡片的能力，提升他们的抗干扰能力和专注力。

2.当上完这节课后，学生需要独立把这节课的课表撕下来并放在指定位置。

3.对于有个训课的学生，教师在课后单独为他们提供修改课表的机会。

教学评价

姓名		日期：			
评价内容		完成情况			
		动作 协助	口头 提示	独立 完成	其他协 助方式
数量	认识 80% 的课表				
	认识 100% 的课表				
排课	按顺序排自己一天的课表				
	按顺序排自己每一天的课表				

备注：完成情况中请用 1—3 表示完成情况，其中其他协助方式可根据学生实际情况填写。
（1- 不需要；2- 偶尔；3- 经常）

教学思路

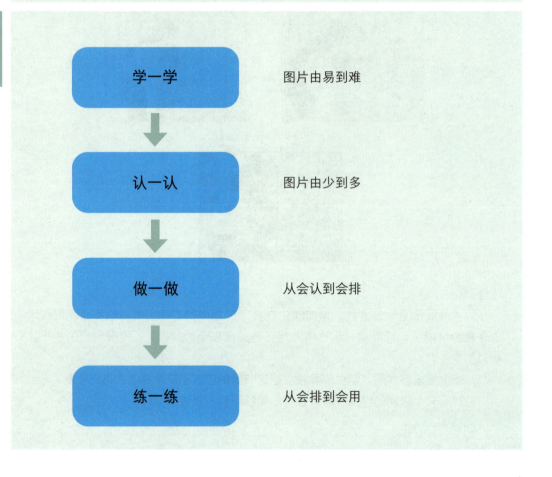

学一学　　　图片由易到难

认一认　　　图片由少到多

做一做　　　从会认到会排

练一练　　　从会排到会用

八、我会喝水

教学分析

养成主动喝水的习惯对孤独症学生的身体健康很重要。然而，对于孤独症学生来说，如何在学校中找到并使用自己的水杯，却需要特别的引导和帮助。

在教学过程中，教师注重培养学生的自我意识和自我管理能力。通过引导他们认识自己的水杯，学会在需要时主动寻找并喝水，学生们不仅能够满足自身的生理需求，更能在这一过程中逐渐建立起自我认同和自信。

此外，还建议在日常生活的不同情境中泛化技能。无论是在课堂上、课间休息时，还是在其他活动场合，教师都鼓励学生积极运用所学技能，自主管理自己的饮水需求。这样的泛化训练不仅有助于巩固和强化学生的自我概念，更能提升他们的自我意识和自我照顾能力。

教学目标

1. 能找到自己的水杯。
2. 会使用水杯喝水。

教学准备

水杯、照片、学生喜欢的零食

教学建议

在教学中，教师首先会拿出自己的水杯喝水，吸引学生的注意力。教师需要讲解喝水的重要性，让学生深刻认识到水的重要性，从而激发他们主动喝水的意愿。

在整个教学过程中，需要灵活运用不同的提示方式，引导学生去观察和学习。用手指轻轻指向水杯，或者用眼神示意学生注意水杯的位置；用生动的语言和形象的比喻，帮助学生理解和记忆如何找到自己的水杯并主动喝水。

通过这样的教学方式，相信学生能够逐渐提升主动喝水的能力，并养成良好的饮水习惯。

（一）学一学

教师活动	学生活动	设计意图
教师带着学生来到放置水杯的桌子边，提示学生看自己的水杯和照片。	学生根据照片找到自己的水杯。	帮助学生逐渐建立使用自己水杯喝水的意识，并在日常生活中养成良好的饮水习惯。

注意事项：

1. 照片采用大头像形式，并清晰地标注学生的名字。
2. 水杯摆放在与照片相对应的位置，这样的布局有助于学生在视觉上建立水杯

教学建议

与自我之间的联系，提升他们的自我管理能力。

3.对于那些能够迅速认出自己水杯的学生，教师会立即给予奖励，以鼓励他们继续保持这一良好习惯。同时，教师也会逐步缩短学生辨认水杯的时间，从最初的10秒逐渐缩减至5秒，以此提升他们的反应速度和专注力。

（二）认一认

教师活动	学生活动	设计意图
教师指导学生拿自己的水杯喝水。	学生根据教师的提示打开水杯喝水。	培养学生打开自己水杯喝水的技能。

注意事项：

1.水杯放置在与学生名字相对应的位置上，确保每位学生都能找到自己的专属位置拿到对的水杯饮水。

2.授课时，教师会站在学生的背后，引导他们进行操作。这样的教学方式不仅让学生感到安全，还能让他们更加专注于学习打开水杯的技巧。

3.在教学过程中，教师始终保持洪亮的声音，确保每位学生都能清晰地听到指导。同时，教师喝水的动作也会刻意放慢，以便学生能够仔细观察并模仿。

（三）练一练

教师活动	学生活动	设计意图
创设运动场景，引导学生认识到口渴时应该及时补充水分。	学生找到水杯，打开水杯并喝水。	帮助学生养成良好的饮水习惯，让他们意识到饮水是维护身体健康的关键因素。

注意事项：

1.教师不再示范如何辨认和取水杯，但保留原有视觉提示。

2.教师逐渐减少辨认水杯的时间，从一开始的10秒，逐步递减至5秒。

3.为了避免学生在上课期间随意走动喝水，教师可以在下课时间特别提醒学生："现在是喝水时间，请大家去喝水。"

4. 在初期，教师会在课堂上引导学生学习找到自己水杯并喝水的技能。随着学生们逐渐掌握这一技能，教师会将教学活动移至课间进行，让学生在更轻松的氛围中巩固和提升自己饮水的能力。

（四）泛化

可以在春游、野餐等自然情景中，提醒学生养成良好的饮水习惯，时刻关注自己的饮水需求，并主动使用自己的水杯喝水。

姓名		日期：			
	评价内容	完成情况			
		动作协助	口头提示	独立完成	其他协助方式
时间	10 秒之内找到自己的水杯并打开				
	5 秒之内找到自己的水杯并打开				
喝水时间	在课堂上可以完成				
	下课后可以完成				
方式	找到自己的水杯，打开盖子喝水				
泛化	在日常生活当中使用自己的水杯喝水，不乱用水杯				
备注：完成情况中请用 1—3 表示完成情况，其中其他协助方式可根据学生实际情况填写。（1- 不需要；2- 偶尔；3- 经常）					

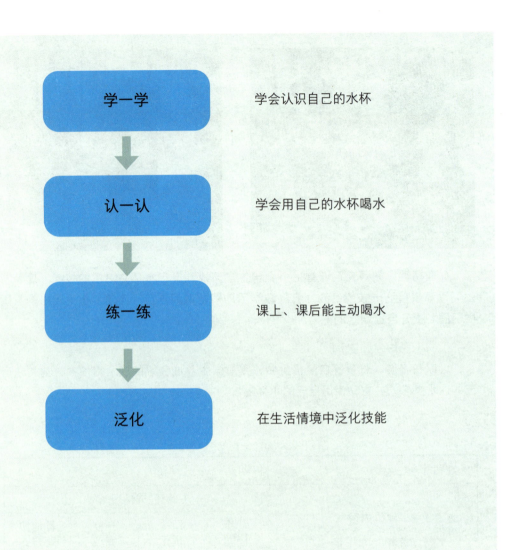

学一学	学会认识自己的水杯
认一认	学会用自己的水杯喝水
练一练	课上、课后能主动喝水
泛化	在生活情境中泛化技能

九、我会上厕所

独立上厕所并做好便后清洁，是孩子迈向生活自理的重要一步，更是培养性别意识不可或缺的一环。特别是在学校生活中，独立上厕所成为了一项必备的生活技能。对于孤独症学生来说，适应学校生活同样是他们走向生活自理的必经之路。在这一过程中，引导他们正确地找到符合性别的洗手间，并保持个人清洁卫生，成为了新生入学亟待解决的问题。

本节课通过实践操作，帮助学生学会独立上厕所。同时，也建议家长能够积极配合，在家中同样鼓励学生自己上厕所，从而进一步提升他们的自理能力。

家校双方的共同努力，将为孤独症学生适应学校生活提供有力的支持。通过这一系列的训练和指导，教师相信这些孩子们能够逐渐掌握生活自理的技能，更好地融入学校环境中，实现自我成长和发展。

1. 能辨认男女厕所。
2. 能独立上厕所，并做好便后清洁。

洗手间标志、纸巾、照片，以及其他学生喜欢的东西

在本课的教学过程中，要注意尽量安排男老师负责指导男学生，女老师负责指导女学生，以便帮助他们更好地理解和接受自己的性别角色。

重点关注学生是否能够在规定的时间内正确地找到符合自我性别的厕所，并独立解决个人卫生问题。这不仅是检验学生自我照顾能力的重要指标，更是培养他们性别意识和个人卫生习惯的关键环节。同时，教师还将关注学生的个人卫生和清洁状况，确保他们能够在学习过程中养成良好的卫生习惯。

通过这样的教学方式，教师希望能够帮助学生更好地认识自己的性别，提升他们的自我照顾能力，并培养他们良好的个人卫生习惯。

（一）学一学

教师活动	学生活动	设计意图
教师带着学生来到学校厕所门口，教导学生认门口上的性别标志。	学生根据图片提示，辨认符合自我性别的厕所，不要走错。	引导学生认识自己的性别特征，培养他们的性别意识。

注意事项：

1. 厕所标志的设计至关重要，务必确保其尺寸足够大，图案和文字都清晰醒目。

教学建议

2. 利用颜色的差异性来进一步区分男女厕所的标志，使其更加直观易懂。

（二）做一做

教师活动	学生活动	设计意图
教师带学生进入厕所，教导学生排队、如厕、洗手，掌握正确上厕所的方法。	学生根据老师的教导学习上厕所的方法。	培养学生独立上厕所的能力。

注意事项：

1. 在厕所内张贴图片提示时，教师需要格外注重引导性和规范性，确保每张图片都简洁明了，能够迅速传达关键信息。

2. 在引导学生如厕的过程中，教师应时刻提醒他们保持安静，切勿在厕所内玩水或喧闹。这不仅是对公共秩序的维护，更是对学生个人素质和道德修养的培养。教师通过有效的提醒和引导，希望学生能够养成良好的如厕习惯。

3. 教师要确保在提供必要指导的同时，充分尊重学生的个人隐私，为他们营造一个安全、舒适、健康卫生的学习环境。

4. 教师在给予学生辅助时，应遵循从肢体到口语再到图片的顺序，逐步减少直接干预，让学生在自我探索和实践中逐渐掌握如厕技能。这样的教学方式不仅有助于提升学生的自主能力，还能培养他们的自信心和独立性。

（三）泛化

教师需要特别强调，课间是适合上厕所的时段，不要因为在课堂上需要上厕所而影响课堂教学。同时，教师还需加强学生对上课与下课时间的区分，帮助他们建立起良好的时间管理意识。

此外，教师应鼓励学生在家中也能独立上厕所，这不仅是对他们自我照顾能力的提升，更是他们逐渐适应独立生活的重要一步。

姓名		日期：			
		完成情况			
评价内容		动作协助	口头提示	独立完成	其他协助方式
时间	10秒之内区分符合性别的厕所				
	5秒之内区分符合性别的厕所				
过程	独立上厕所并冲厕所				
	按照洗手步骤认真清洗手				
泛化	下课后独立上厕所并洗手				
	在家独立上厕所并洗手				
备注：完成情况中请用1—3表示完成情况，其中其他协助方式可根据学生实际情况填写。 （1-不需要；2-偶尔；3-经常）					

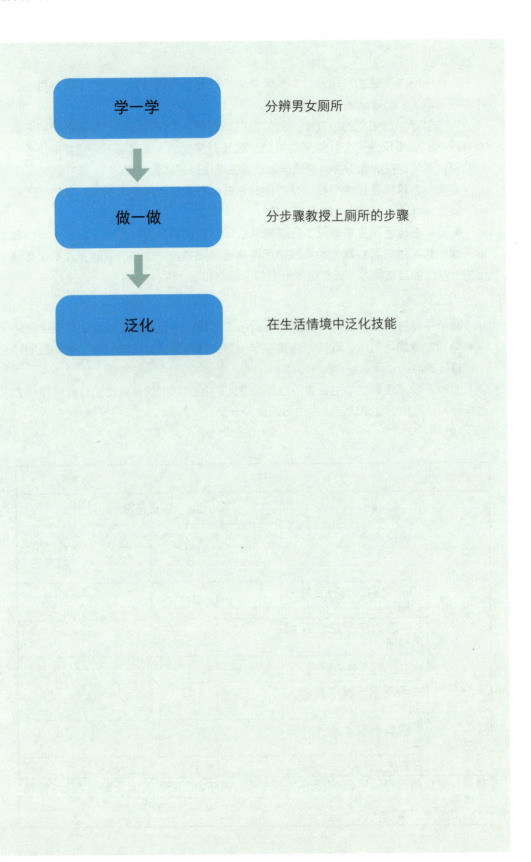

学一学　　　分辨男女厕所

做一做　　　分步骤教授上厕所的步骤

泛化　　　　在生活情境中泛化技能

第四部分

学习适应

一、我会安静坐

孤独症学生在课堂中时常会出现躺坐、扭动、离座等行为，这些行为会影响课堂秩序和教学。学生出现此类行为，一方面可能是学生对安坐的概念模糊，不知道如何保持正确的坐姿；另一方面可能是学生的注意力不集中，容易受外界干扰，无法在课堂中保持安坐状态。

本课通过学一学、练一练、做一做三个环节，帮助学生建立安坐的概念，学习正确的坐姿以及保持安坐的能力，并在日常生活中泛化安坐的技能，提高学生的学习适应能力。

1. 学习正确的坐姿。
2. 能安静坐 10 分钟。

强化物、漏斗计时器、其他计时器

教师首先帮助学生建立安坐的概念，并引导其学习正确坐姿。接着利用计时器，逐步增加安坐的时间，帮助学生逐渐适应和保持安坐的状态。教学过程中，教师先将计时器置于学生面前立刻能注意到的地方，随着教学与练习的深入，逐渐调整计时器的位置，拉远与学生的距离；计时器一开始可提供如沙漏等实物，学生能直观地观察到时间的变化，后依照学生能力可改为电子倒计时的方式呈现，循序渐进延长安静坐时间，变换不同情境学习安坐，为学生日后的学习生活打下基础。

（一）学一学

教师活动	学生活动	设计意图
教师讲解正确坐姿的步骤及标准。	学生跟随教师的讲解，分步学习正确坐姿。	帮助学生建立在课堂中安坐的概念，初步学习正确坐姿。

注意事项：

1. 教师将正确的坐姿分解为若干个具体步骤，并在教学中融入顺口溜，如"头摆正，腰挺直，手平放，腿并拢，脚踏实"，帮助学生在轻松愉快的氛围中学习正确坐姿，提高教学效果。

2. 在教学示范时，教师可结合放大的图片和镜子，让学生能够更加清晰地观察和理解每一个动作。

3. 对能力稍弱的学生，教师可用适当的语言提示或触体协助，提醒学生正确的坐姿。当学生做到时，教师及时给予鼓励，增强学生学习的自信心。

（二）练一练

教师活动	学生活动	设计意图
教师把沙漏放在桌上，引导学生保持正确坐姿并观察沙子的流动。	学生保持正确坐姿，等待沙漏的沙子漏完。	通过观察沙漏流动，延长学生保持正确坐姿的时间，增强安坐的能力。

注意事项：

　　1. 在选择沙漏时，教师可以先选择时间短的沙漏（小于1分钟），建议使用体积较大、抗摔性强的沙漏。

　　2. 教师将沙漏放置于与学生视线平齐或略微低头即可看到的位置，这样不仅能让学生更清晰地观察到沙漏中沙的流逝，也有助于提升学生的专注力和时间感知能力。

　　3. 在学习初期，教师应选择安静、无干扰的环境，让学生专注于观察沙漏流动。

　　4. 对能力稍弱的学生，教师灵活调整学生安坐时间。例如，教师可以从1数到5，如果学生能够在规定时间内保持静坐，教师便给予相应的奖励。

（三）做一做

教师活动	学生活动	设计意图
教师播放时钟计时器，引导学生安静坐好。	学生安静坐好，等待计时器的时间结束。	通过可视时钟计时器，进一步延长学生保持安坐的时间，巩固安坐的能力。

注意事项:

1. 在设计时钟计时器时,教师可将时针和分针的颜色调浅,并保持静止不动,同时,加粗秒针并用醒目的红色标记,让学生能够清晰看到秒针转动。

2. 等待时间的设定上,建议教师控制在1至10分钟之间,逐步延长等待时间,让学生慢慢适应长时间保持安坐状态。

3. 对能力稍弱的学生,教师可以采用语言提示和动作协助的方式,引导学生保持安坐。待学生能力提升后,可逐步撤销辅助。

4. 建议教师使用不同形式的计时器,如沙漏、电子计时器等,满足不同学生的需求和兴趣。

(四)泛化

引导学生在学校的一日例行性活动中练习安坐,包括各学科课堂和在学校日常生活活动,如用餐时也要保持良好的坐姿。这一能力还能延伸至校外生活,如在乘坐公交车时能保持坐好。通过多样化的实践机会,帮助学生巩固安坐能力,逐渐将安坐能力内化为日常行为习惯,增强社会适应能力和养成自我管理的能力。

姓名		日期:			
评价内容		完成情况			
		动作协助	口头提示	独立完成	其他协助方式
坐姿	头摆正				
	腰伸直				
	手放好				
	腿并拢				
	脚踏实				
时间	1分钟				
	5分钟				
	10分钟				
泛化	其他场合安静坐				
备注:完成情况中请用1—3表示完成情况,其中其他协助方式可根据学生实际情况填写。 (1-不需要;2-偶尔;3-经常)					

教学思路

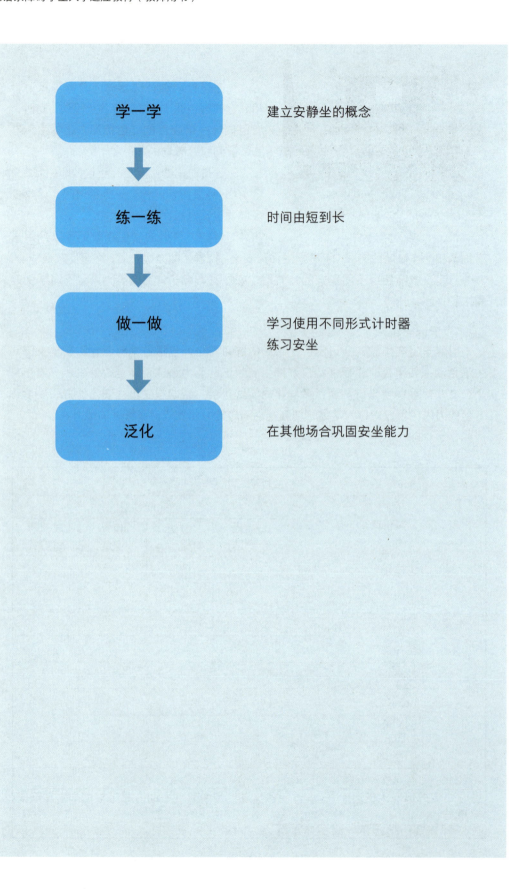

学一学   建立安静坐的概念

练一练   时间由短到长

做一做   学习使用不同形式计时器
                       练习安坐

泛化   在其他场合巩固安坐能力

二、我会注意听

教学分析

孤独症学生在课堂中，经常会不自觉沉浸于个人喜好的行为中，如玩手指、凝视转动的风扇或玩纸巾等。这些行为使他们无法专注于课堂教学，影响了学习的效果。

本节课中，教师聚焦于"听"的能力培养，帮助学生提高课堂专注力。教学内容以学生听辨名字和动作指令为例，引导学生逐渐将注意力从个人兴趣转移到课堂教学上，加强学生听觉注意力和理解能力的发展，并将听的能力泛化至各类日常课堂指令及交流活动中。

教学目标

1. 听到自己的名字能作出回应。
2. 能认真听课。

教学准备

强化物，如学生爱吃的零食或者玩具

教学建议

教授本课时，教师首先了解班级学生的听力情况，根据学生能力需求，设计符合学生能力的反应动作，比如站起来、举手示意、击掌回应等。通过趣味的点名方式，帮助学生在轻松愉悦的氛围中训练听觉注意力和反应能力。

（一）学一学

教师活动	学生活动	设计意图
教师站着不动，当教师发出点名指令："某某，请起立"时，引导学生做起立的动作。	学生安静坐好等待教师叫名字，听到自己的名字后做出反应动作。	通过点名活动，提升学生的听觉专注力，养成听到名字迅速反应的习惯。

注意事项：

1. 叫名字时，教师站直，不做其他眼神、动作等提示。

2. 在开始训练阶段，教师可适当提高音量、放缓语速，确保每位学生都能清晰听到并理解指令。待学生明白规则后，教师逐渐降低音量和调整语速。

3. 若学生在连续三次被叫到名字后仍未作出反应，教师可以给予适当

教学建议

的动作协助，引导学生做出相应的动作。

4. 针对能力稍弱的学生，教师可先用学生感兴趣的声音或物品来吸引学生注意，再叫学生名字，引导其做相应的动作。

（二）练一练

教师活动	学生活动	设计意图
教师站着不动，随机叫出学生名字和说出动作指令，比如：某某，请坐下。	学生安静站好等待叫名字，听到自己的名字后做出相应的反应。	通过随机点名活动，提升学生的听觉专注力，训练学生听到自己名字迅速作出回应的能力。

注意事项：

1. 训练前期，教师可通过提高音量和放缓语速，确保学生能听清每个字。待学生明白规则后，教师逐渐降低音量和调整语速。

2. 针对能力稍弱的学生，教师可采用个性化的教学方式，用学生感兴趣的声音或物品吸引其注意力，等学生注意力转向教师后，教师立即叫出学生名字，并引导学生做出正确的反应动作。

（三）做一做

教师活动	学生活动	设计意图
教师站着不动，随机叫出学生名字和说出两个动作指令，比如：某某，先站起来，再摸摸头。	学生听到自己的名字后，完成两步动作指令。	通过增加指令步数和难度，用游戏的方式训练学生的听觉注意力和反应能力。

注意事项：

1. 教师放慢语速，清晰叫学生名字并发出下一步动作指令，引导学生理解游戏规则。

2. 针对能力稍弱的学生，教师可采用动作协助的方式，引导学生做出正确的反应动作。针对能力较好的学生，教师可适当增加指令步数。

3. 学生完成活动时，教师应及时给予鼓励。

教学建议

（四）比一比

教师活动	学生活动	设计意图
教师同时叫 2 个学生的名字和发出 1-2 个指令，如小 A、小 B，拍拍手，比一比谁的反应快。	学生听到自己的名字后做出相应的回应。	利用竞赛式的游戏活动训练学生的反应能力，提高学生的听觉敏锐度和专注力。

注意事项：

1. 授课之前，教师先引导学生熟悉游戏规则。

2. 能力较弱的学生，可先从一步指令开始；能力较好的学生，可适当增加指令数。

（五）泛化

当学生已经能够熟练地听到自己的名字并做出相应的动作时，教师会逐步引入不同的词语，以进一步提升他们的听觉理解能力。

教学评价

姓名		日期：			
评价内容		完成情况			
		动作协助	口头提示	独立完成	其他协助方式
反应	站起来				
	坐下				
	摸头				
	举手				
难度	出现两个名字，能听到其中一个是自己并做出正确回应				
泛化	能听懂并执行日常指令				

备注：完成情况中请用 1—3 表示完成情况，其中其他协助方式可根据学生实际情况填写。
（1- 不需要；2- 偶尔；3- 经常）

教学思路

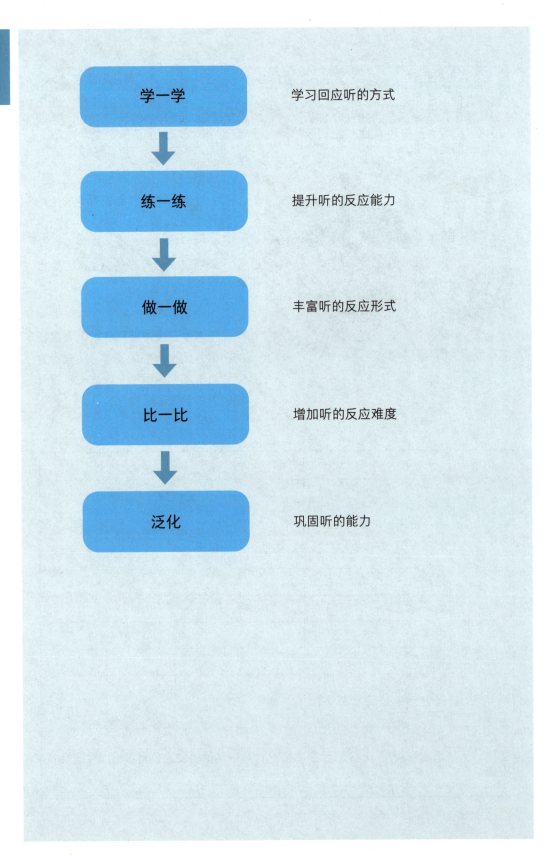

学一学 —— 学习回应听的方式

练一练 —— 提升听的反应能力

做一做 —— 丰富听的反应形式

比一比 —— 增加听的反应难度

泛化 —— 巩固听的能力

三、我会认真看

教学分析

　　大部分孤独症学生在眼神对视和共同注意方面的能力较弱，难以根据指令关注指定的物品。例如，课堂上不能专注看黑板听讲、过马路时不能及时注意来往车辆等。

　　根据学生的认知发展特点，本节课设计引导学生学习看的能力，并通过在日常生活中泛化看的技能，帮助学生学会共同注意。

教学目标

　　1. 能看指定的物品。
　　2. 能跟随看指定物品

教学准备

　　学生感兴趣的东西

教学建议

　　教学中，教师先利用学生感兴趣的物品吸引其注意力。随后，根据学生的视觉专注能力，逐步延长看的时间，并逐渐增加他们与目标物品之间的距离。训练过程中，教师运用多样化的提示方式，引导学生看，提升他们跟随提示看物品的能力。

（一）学一学

教师活动	学生活动	设计意图
教师出示 2-3 种学生感兴趣的物品作为目标物，如薯片，放在学生前面，并用手指着，说"看"。	学生跟随提示看着指定物品并保持一定时间。	培养学生跟随提示看物品的意识，让学生初步学习追视。

注意事项：

　　1. 教师可选用外包装颜色鲜艳或学生感兴趣的物品，吸引学生的注意力，引导他们将视线聚焦在指定物品上。

　　2. 为确保学生能够清晰地看到目标物，教师可先将目标物放置在与学生视线平齐的位置，让他们能快速注意到目标物。

　　3. 在教学的开始阶段，只要学生注意到目标物，教师就迅速给予奖励，保持学生看的兴趣。接着，教师逐步提高要求，适当延长看的时间再给予奖励。当学生可以注视目标物 30 秒以上时，延长看的距离，进一步提升学生看的能力。

（二）练一练

教师活动	学生活动	设计意图
把目标物放在角落，教师一边用手指，一边说出："同学们，看。"引导学生看向目标物。	学生跟随老师的提示看着目标物并保持一定时间。	提升学生跟随老师的提示看东西的能力，能看到更远的东西。

注意事项：

1. 教师将目标物放置在距离学生 1—2 米的位置，且周围无遮挡物，确保学生可以清晰地看到目标物。

2. 学生不注意时，教师将目标物放好，制造惊喜，等待学生发现目标物，提升学生参与活动的兴趣。

3. 在教学的开始阶段，教师可借助多种方式引导学生看物品，如声音、灯光或动作协助等

（三）做一做

教师活动	学生活动	设计意图
教师将目标物放置上、下、左、右等不同方位，引导学生看。	学生跟随教师提示看不同方向的东西并保持一定时间。	让学生看的方式从横向泛化到纵向发展，进一步提升看的技能。

注意事项：

1. 建议教学中所选目标物是学生熟知、喜欢或色彩比较鲜艳，容易引起注意的物品。

2. 根据学生能力，教师指向目标物时，建议灵活调整与目标物体的距离。

3. 引导学生看物品时，建议逐渐扩大视野范围，提升空间感知能力。

教学建议

（四）比一比

教师活动	学生活动	设计意图
教师站好，直接看向目标物，引导学生进行看目标物的比赛，奖励可以看得最久的学生。	学生跟随老师的眼神提示看目标物并保持一定时间。	通过比一比的趣味活动，提升学生跟随提示看目标物的能力。

注意事项：

1. 授课之前，教师应先引导学生熟悉游戏规则。

2. 对能力较弱的学生，教师可给予适当的语言提示或动作协助，引导学生看目标物。

3. 教师可通过看不同方向的目标物，训练学生看的反应能力。

（五）泛化

通过日常生活情境实操，如户外散步，教师用手指或眼神提示等引导学生看指定的目标物，在日常生活中泛化看的能力。

教学评价

姓名		日期：			
评价内容		完成情况			
		动作协助	口头提示	独立完成	其他协助方式
时间	注视持续 1-5 秒				
	注视持续 30 秒以上				
距离（事先不知道位置）	注视正前方距离 1-2 米物品				
	注视角落里距离 1-2 米物品				
方式	跟随教师目光看				
泛化	能在不同的生活情境中按要求看				

备注：完成情况中请用 1—3 表示完成情况，其中其他协助方式可根据学生实际情况填写。
（1- 不需要；2- 偶尔；3- 经常）

教学思路

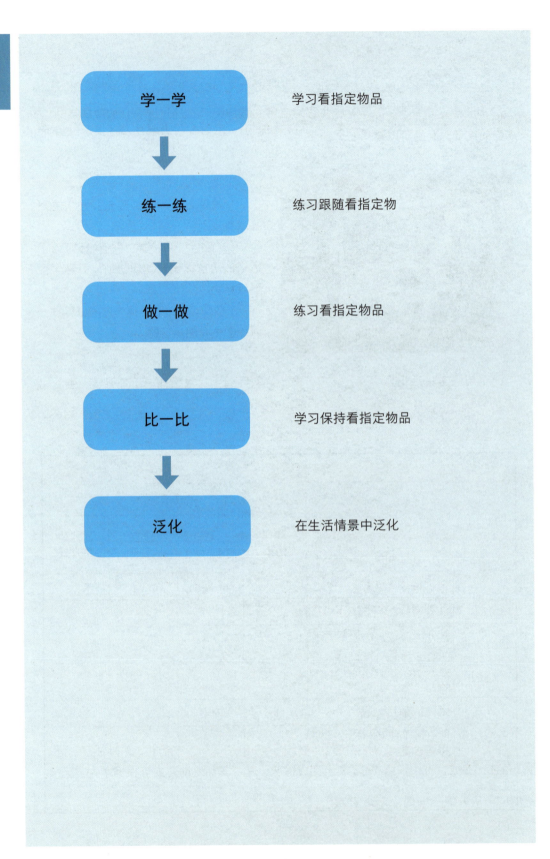

学一学	学习看指定物品
练一练	练习跟随看指定物
做一做	练习看指定物品
比一比	学习保持看指定物品
泛化	在生活情景中泛化

四、我会用笔

教学分析

部分孤独症学生在手部力量、手部协调、手眼协调等方面存在不同程度的障碍，且注意力容易分散，大多不能用正确姿势握笔写字或画画。

根据学生能力发展需求，教师帮助学生学习握笔的正确姿势，学习用笔写字、画画，并在各学科课堂中，练习用笔，感受写字和画画的乐趣。

教学目标

1. 学习握笔的方法。
2. 能用笔在纸上写字、画画。

教学准备

笔、画纸、描写本

教学建议

握笔写字对手部精细、手眼协调性要求较高，教学前，教师需对学生的手部能力进行评估，设计符合其能力发展的教学内容。教学过程中，教师可采用循序渐进的方法，如基础动作训练、自由涂鸦、描红练习以及仿写训练，逐步引导学生掌握用笔的基本技能和书写规律，提升学生的手部精细动作能力。

（一）学一学

教师活动	学生活动	设计意图
教师出示正确握笔姿势的图片，教师讲解握笔的方法。	学生模仿教师示范的握笔姿势，学习握笔的方法。	通过示范引导学生掌握握笔的姿势，为后续学习做好准备。

注意事项：

1. 在学习用笔的开始阶段，教师可利用握笔器辅助学生学习握笔的姿势，让学生直观地感受握笔时手指的位置和力度。

2. 握笔练习时，教师需要关注学生的坐姿。正确的坐姿不仅有助于提升学生的练习效果，更能保护学生的身心健康。

3. 对抓握能力较弱或手腕力量不足的学生，教师需要进行针对性的康复训练，提高学生的手部力量和灵活度，提升手部抓握能力。

（二）涂一涂

教师活动	学生活动	设计意图
教师出示一张白纸和笔，让学生随便涂鸦。	学生在纸上随意涂鸦。	通过随意涂鸦，让学生建立用笔的意识，感受用笔涂鸦的乐趣。

注意事项：

1. 学生可依据个人的喜好，选择喜欢的笔、色彩以及涂鸦方式。

2. 涂鸦过程中，教师可播放舒缓的音乐，创设涂鸦氛围，并适时用语言鼓励学生。

3. 活动前，教师需提醒学生注意用笔安全和保持整洁卫生。

（三）描一描

教师活动	学生活动	设计意图
教师出示描红本，引导学生描红。	学生在描红本上描写。	提升学生的控笔能力。

注意事项：

1. 在描红练习时，教师需关注学生的握笔姿势和坐姿，提醒学生用正确的姿势书写。

2. 描红本的设计以简洁明了的线条为主，并为学生提供清晰、易于模仿的书写范例。

3. 教师适当提醒学生注意细节。例如，用力要恰当，避免过重或过轻导致线条不清晰或划破纸张；描写时要保持在规定的界限内；同时，要爱护描红本，避免弄脏或损坏，养成良好的书写习惯。

（四）写一写

教师活动	学生活动	设计意图
教师出示描红本，引导学生描红。	学生在描红本上描写。	提升学生的控笔能力。

注意事项：

1. 教师可选用一些常见简单的汉字，如"口""人""上"等。

2. 教师可引导能力较好的学生在规定的格子内书写。

（五）泛化

在各学科教学活动中，教师可创造机会让学生用笔写字或画画，如帮忙给书本编号、画板报等。

姓名		日期：			
评价内容		完成情况			
		动作协助	口头提示	独立完成	其他协助方式
会做	知道正确的握笔姿势				
	能正确握笔				
会画	能在纸上涂鸦				
	能在界内涂色				
会写	能描写简单的笔画				
	能描写简单的汉字				
备注：完成情况中请用 1—3 表示完成情况，其中其他协助方式可根据学生实际情况填写。 （1- 不需要；2- 偶尔；3- 经常）					

教学建议

教学评价

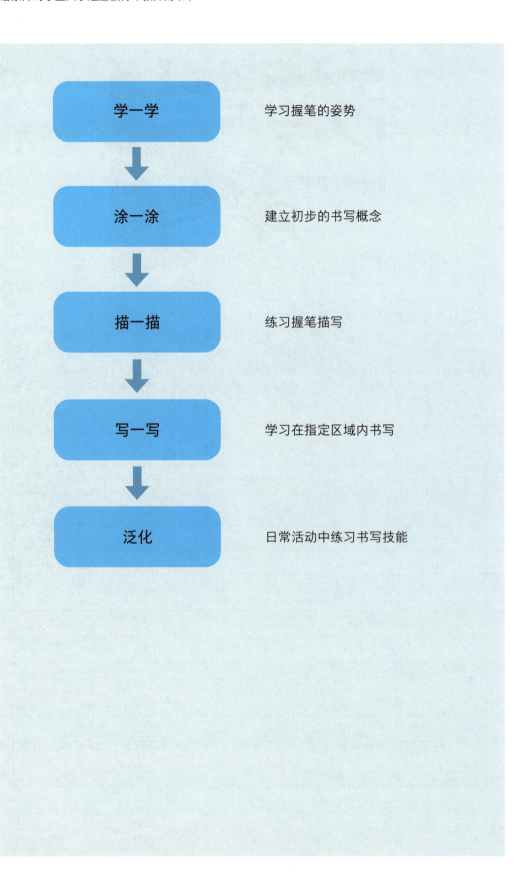

学一学　　学习握笔的姿势

涂一涂　　建立初步的书写概念

描一描　　练习握笔描写

写一写　　学习在指定区域内书写

泛化　　日常活动中练习书写技能

五、我会找书

教学分析

书籍是学习的重要工具。开学时，学生会收到老师发放的不同课本。不同的课堂需要找出不同的课本，这对孤独症学生来说，是比较困难的。

本节课将引导学生认识各种各样的书籍，学习在书包中或在书架上迅速地找到指定的书籍，解决学生找指定课本困难的问题，帮助学生融入课堂学习，提升学习适应能力。

教学目标

1. 认识不同的课本。
2. 学习找出指定的课本。

教学准备

各科课本

教学建议

在教学过程中，教师首先引导学生对课本进行初步的认识，通过细致的观察，使学生们了解课本的颜色、大小等基本信息。随后，教师运用不同形式的活动找课本，让学生在实践中学习并掌握找课本的方法。最后，通过模拟实际生活中的场景，让学生将所学方法应用到实际生活中，进一步巩固和提升找书能力。

（一）学一学

教师活动	学生活动	设计意图
教师出示一本书，引导学生认识书的特征。	学生学习认识书的特征。	帮助学生了解书的颜色、形状等信息。

注意事项：

1. 选择学生日常学习中经常用到的书籍。

2. 选择封面颜色鲜明和具有较强辨识度的书籍，方便学生快速识别和分辨。

教学建议

（二）练一练

教师活动	学生活动	设计意图
教师把两本书放在桌面上，让学生找到指定的书。	学生跟随老师的指示，找到书。	帮助学生根据书籍的外观特征进行辨别。

注意事项：

1. 选取款式差异较大的两本书作为找书练习的对象，以便学生能够轻松辨识并掌握找书的基本技能。随着学生技能的逐渐提升，教师逐渐减少书籍之间的款式差异，增加找书的难度。

2. 教师可将多本书籍平放在书桌上，引导学生观察和寻找指定书籍。

3. 教师可根据学生能力，适当增加或减少书籍数量。

（三）做一做

教师活动	学生活动	设计意图
教师把两本书叠在一起，引导学生找书。	学生根据要求找到指定的书。	通过不同的方式让学生找到指定的书。

注意事项：

1. 推荐使用一大一小的两本书进行练习。初期，教师将较小的书放置在上方，要求学生找到下方的大书。后期，将大书放在上方，要求学生找到下方的小书。待学生掌握后，可将多本书籍重叠在一起，引导学生逐本拿来寻找指定书籍。

2. 初期，教师可以利用语言、动作等多种方式给予学生提示，帮助他们找到指定书籍。待学生技能提升后，教师逐渐减少辅助。

（四）找一找

教师活动	学生活动	设计意图
教师把几本书放进书包里，引导学生找出指定的书。	学生根据要求找出指定的书。	通过在书包中找书的活动，进一步巩固学生找书的能力。

注意事项：

在初始阶段，书包内仅放置一本书，没有其他杂物，随着技能的熟练，书包内可以增加其他书本、衣物、铅笔盒等物品，从而逐步提升学生的搜寻能力。

（五）泛化

学生可以在班级书架、图书馆或家里找到自己想要的书。

姓名		日期：			
评价内容		完成情况			
		动作协助	口头提示	独立完成	其他协助方式
会认书	能知道书的特点				
会找书	能在2本中找到指定的书				
	能找到被遮挡的书				
	能在书包找到指定的书				

备注：完成情况中请用1—3表示完成情况，其中其他协助方式可根据学生实际情况填写。
（1-不需要；2-偶尔；3-经常）

教学思路

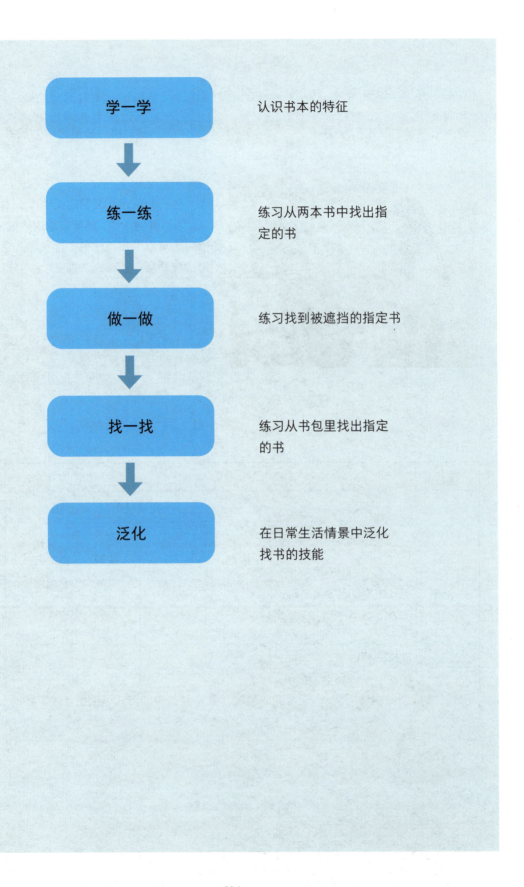

学一学	认识书本的特征
练一练	练习从两本书中找出指定的书
做一做	练习找到被遮挡的指定书
找一找	练习从书包里找出指定的书
泛化	在日常生活情景中泛化找书的技能

六、我会整理书包

整理书包是一种良好的学习习惯，是一年级学生要学习的技能之一。整理书包需要学生具备自我管理能力，孤独症学生的自我管理能力较弱，经常不能辨认自己与他人的物品，缺乏归类整理的能力，无法独立整理书包。

针对学生能力发展需求，教师引导学生认识书包及书包中常用的物品，学习整理书包的方法。另外在日常生活中创造机会让学生自己整理书包，在反复练习中掌握整理书包的方法，提升学生的自我管理能力，培养良好的学习习惯。

1. 认识书包。
2. 学习整理书包。

书包、书本、水杯、笔盒、强化物

本课教学引入真实的生活场景，用学生自己的书包及书包中常用物品作为教学用具，让学生认识自己的书包及书包中的常用物品。在教学过程中，教师需示范整理书包的步骤，然后带领学生把物品逐一放进书包里，让学生掌握整理书包的方法。

课后请家长配合学生在家整理书包，每天上学前整理好书包。每天放学前教师引导学生整理书包再放学，使整理书包成为一种习惯。

（一）认一认

教师活动	学生活动	设计意图
教师出示书包、文具、课本及水杯，引导学生认识这些物品。	学生跟随教师引导，学习书包的外形特征及功能。	对书包及所装的物品进行认识，知道书包的功能。

注意事项：

1. 教师课前需请家长配合为学生准备有学生姓名的书包及学习用具。

2. 教师介绍书包及书包所装物品时，请学生找出自己对应的物品，让学生认识自己的书包及自己的物品。

（二）学一学

教师活动	学生活动	设计意图
教师把课本、笔袋、水杯逐一放进书包，示范整理书包的方法。	学生认真观察，学习整理书包的方法。	帮助学生在模仿中逐渐掌握整理书包的方法。

注意事项：

　　1.教师示范时，先分步骤讲解，再进行示范。

　　2.对能力较弱的学生，教师可以通过动作协助的方式，帮助他们完成整理书包的任务。

（三）练一练

教师活动	学生活动	设计意图
教师指导学生整理自己的书包。	学生跟随教师整理自己的书包。	通过反复操作练习，学生掌握整理书包的方法。

注意事项：

　　1.学生能自行整理好书包的，教师及时给予表扬和鼓励。

　　2.对能力较弱的学生，教师可以适当给予动作协助，帮助他们完成整理书包的任务。

（四）泛化

　　日常生活中，创造机会让学生整理自己的其他背包或者行李。

姓名		日期：			
评价内容		完成情况			
		动作协助	口头提示	独立完成	其他协助方式
认识目标	认识书包				
	找到课本				
	找到水杯				
	找到笔盒				
行为目标	把书本放进书包				
	把笔袋放进书包				
	把水杯放进书包				
泛化	整理自己的其他背包或者行李				

备注：完成情况中请用 1—3 表示完成情况，其中其他协助方式可根据学生实际情况填写。
（1- 不需要；2- 偶尔；3- 经常）

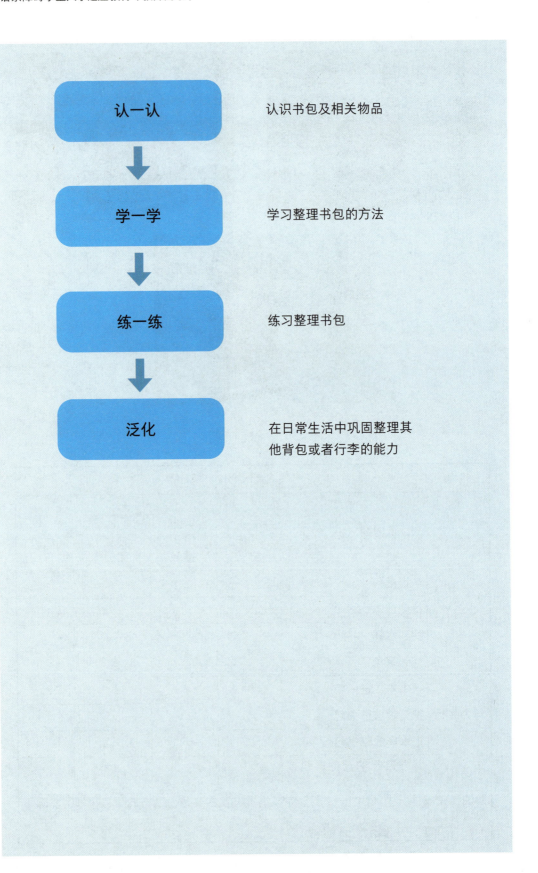

教学思路

认一认　　认识书包及相关物品

学一学　　学习整理书包的方法

练一练　　练习整理书包

泛化　　在日常生活中巩固整理其他背包或者行李的能力

七、我会识数

教学分析

大部分孤独症学生的抽象思维能力较弱，学习数学需要较强的抽象思维能力，识数是学习数学的基础。

针对学生的学习特点，本课以认识数字 1 为例，引导学生愿意认读数字，对数字感兴趣。

教学目标

1. 能认读数字。
2. 对数字感兴趣。

教学准备

强化物、学生感兴趣的物品、数字卡片

教学建议

教学过程中，教师根据学生的实际情况，灵活调整教学进度和难度，关注学生的个体差异，提供个性化的教学支持，帮助孤独症学生能够更好地认识数字 1，理解其实际意义，为后续数学学习打下基础。

（一）认一认

教师活动	学生活动	设计意图
教师讲数字 1 的字形和意义。	学生认识数字 1 的字形，初步了解数字 1 的意义。	激发学生对数字的兴趣，增强学生的数学感知能力。

注意事项：

1. 教师准备数量为 1 的物品，逐一展示给学生，引导他们共同点数。每当数到"1"时，教师伸出 1 根手指，请学生模仿手势，通过手口一致的点数方式，让学生体验并认识数字 1 的意义。

2. 点数结束后，教师适时展示出数字 1 的图片，让学生能直观感受数字 1 的字形。

（二）描一描

教师活动	学生活动	设计意图
教师讲解书写数字1的方法，发放数字描红本给学生，学生描写数字1。	学生打开数字描红本正确找到数字1，握笔描写数字1。	感知数字1的字形。

注意事项：

1. 教师先让学生书空数字1，再握笔写数字1。

2. 对于能力稍弱的学生，教师准备大字号的数字1描红纸，学生先用手指描写。

3. 对于握笔能力弱的学生，教师先让其用粗蜡笔描写，熟练后再用铅笔描写。

（三）找一找

教师活动	学生活动	设计意图
教师给学生发放多张数字卡片，让学生从不同的数字卡片中找出数字1卡片并认读。	学生辨认不同的数字卡片，从中找到数字1的卡片，并认读。	检验学生对数字1的认识，提高学生的观察力和识别能力。

注意事项：

1. 教师发放的数字卡片需简洁干净，上面仅有一个书写正确的数字1，没有多余的图案或装饰。

2. 发放的数字卡片应整齐排列，避免颠倒错乱，确保学生观察时能清晰看到每个数字。

3. 根据学生能力发放数字卡的数量，能力弱的学生只发1张数字卡并贴一张数字1的卡片在桌面，有视觉提示。

（四）写一写

教师活动	学生活动	设计意图
教师发放练习本，教导学生在练习本上写1。	学生在练习本上写1。	巩固学生对数字1的认识。

注意事项：

1. 教师先让学生在白纸上练习写数字 1，学生能独立写出 1 的字形后再在田字格本上练写。

2. 学生在田字格本上书写时，教师需强调数字 1 在田字格中的位置。

3. 教师可灵活调整课堂练习的节奏和方式，结合在沙上写、手指画等形式，调动学生学习数字的兴趣

（五）泛化

教师和家长可以引导学生在日常生活中找到数字 1，如电话号码、班牌、公交车车牌号等。

教学评价

姓名		日期：			
评价内容		完成情况			
		动作协助	口头提示	独立完成	其他协助方式
知识	能辨认数字 1				
	能找出数字卡 1				
	能拿出数量 1 的物品				
读写	能读出数字 1				
	能描写数字 1				

备注：完成情况中请用 1—3 表示完成情况，其中其他协助方式可根据学生实际情况填写。

（1- 不需要；2- 偶尔；3- 经常）

教学思路

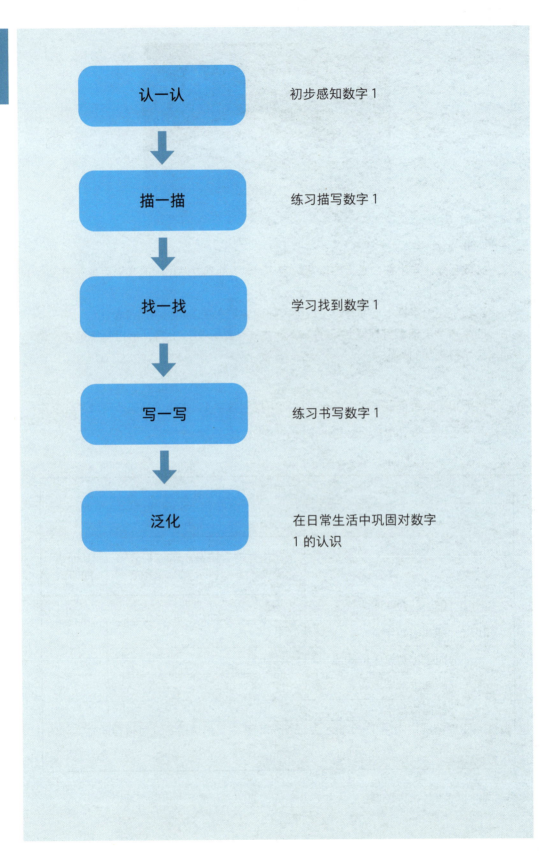

认一认	初步感知数字1
描一描	练习描写数字1
找一找	学习找到数字1
写一写	练习书写数字1
泛化	在日常生活中巩固对数字1 的认识

八、我会识字

教学分析

　　大部分孤独症学生是视觉型学习者。本课，教师利用这一特点，结合生动有趣的生活图片，通过图文并茂的形式，以"人"字为例，运用多感官途径，引导学生认识汉字。

　　教师引导学生在轻松愉快的氛围中识字，并理解每个字的含义。学生透过本课的学习能学会区分图形与汉字的不同，培养对汉字的兴趣。

教学目标

　　1.能认读常见的汉字。
　　2.对汉字感兴趣。

教学准备

　　练习纸、PPT、强化物

教学建议

　　在教学过程中，教师可从字音、字形、结构、组词等多个方面逐步深入，将"人"字的含义与实际生活紧密联系起来。通过图文结合的方式，教师可以展示与"人"字相关的图片，让学生直观地感受到"人"字所代表的意义，并引导他们通过观察和思考，进一步理解字义。

（一）认一认

教师活动	学生活动	设计意图
教师播放"人"字演变视频，引出"人"的概念和"人"字。	学生在教师的教导下认读"人"字。	通过视频引导学生认识"人"字的演变过程，帮助学生实现从具体形象到抽象概念过渡。

注意事项：

　　1.教师在呈现图片时，应首选实物图片，以确保学生能够接触到真实、具体的视觉信息，避免使用卡通图片导致信息失真或混淆。

　　2.在讲解过程中，教师引导学生模仿摆出"人"的姿势。通过动作模仿，学生能够更加直观地理解"人"字的字形和结构。

　　3.对于能力稍弱的学生，教师可

以通过观察教师的口型来辅助他们仿说"人"字。这一方法能够帮助学生更准确地把握发音技巧，提高口语表达的准确性。同时，教师也应给予这些学生更多的鼓励和支持，帮助他们逐步建立自信，提升学习能力。

（二）指一指

教师活动	学生活动	设计意图
教师出示 1-2 张汉字卡，请学生指出"人"字。	学生端正坐姿，听指令指认"人"字。	区分字形，加深对"人"字的辨识。

注意事项：

1. 教师先运用课件进行示范指认，引导学生正确的指认方法。由个别指认到集体指认，加深对"人"字的辨识。

2. 对于能力稍弱的学生，教师可以只准备一张图文结合的"人"字卡片，帮助学生直观认识"人"字。

（三）找一找

教师活动	学生活动	设计意图
教师出示 2-3 张字卡，教导学生找出正确的"人"字卡。	学生根据教师的指令，在 2-3 张字卡中找出正确的卡片。	增加字卡数量，提高学生辨识"人"字的能力。

注意事项：

1. 教师个别引导学生找一找时，可以多次变化干扰图，避免学生记住位置找字卡。

2. 对于能力较弱的学生，教师可以拿出一张"人"字卡，请学生对照着找出一样的。

（四）写一写

教师活动	学生活动	设计意图
教师在课件上先出示"人"字的写法，发放操作纸，让学生练习写一写。	学生写出"人"字。	通过写一写巩固对"人"字的认识。

注意事项：

1. 握笔书写前，教师可以请学生在课件上或书桌上反复进行书空练习，先掌握"人"字的书写要领。

2. 学生握笔写字时，教师应时刻提醒注意正确握笔和保持端正坐姿，养成良好的书写习惯。

3. 对于能力稍弱的学生，教师可以提供灰色字体的"人"字作为书写素材，通过描红掌握"人"的字形。

（五）泛化

给学生提供积木、黏土等素材摆出"人"字，泛化"人"字的字形。找一找生活中的"人"字。说一说有"人"字的词语，如男人、女人。

姓名		日期：			
		完成情况			
	评价内容	动作协助	口头提示	独立完成	其他协助方式
反应	跟读				
	听指令指				
	听指令找				
	规范书写				
难度	出现相近字，能找出正确的"人"字				
泛化	能够找出生活中的"人"字				
备注：完成情况中请用1—3表示完成情况，其中其他协助方式可根据学生实际情况填写。 （1-不需要；2-偶尔；3-经常）					

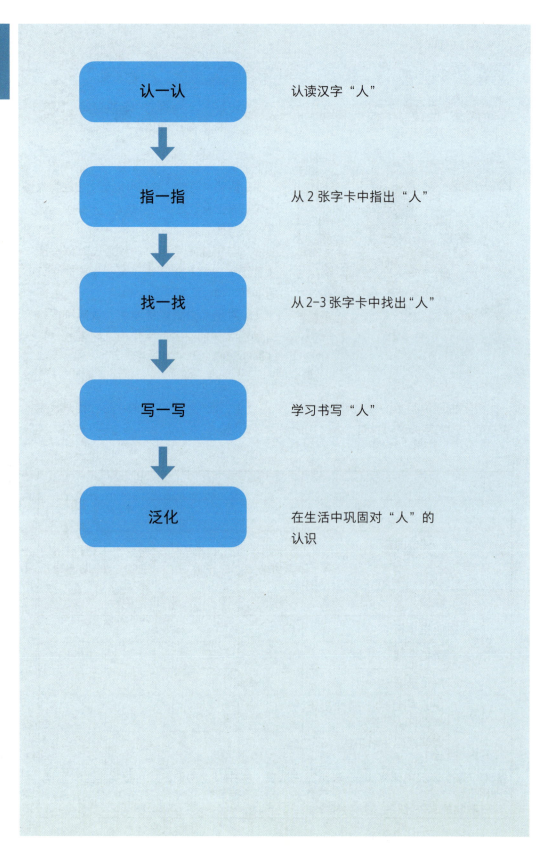

认一认　　　　　认读汉字"人"

指一指　　　　　从 2 张字卡中指出"人"

找一找　　　　　从 2-3 张字卡中找出"人"

写一写　　　　　学习书写"人"

泛化　　　　　在生活中巩固对"人"的认识

九、我会识图

孤独症学生在视觉方面有一定的优势，通过图片获取的信息能够长时间留在脑海里，帮助孤独症学生更好地理解和记忆。

本课以认识"安静坐"图片为例，引导学生认识常见视觉提示图卡的内容，理解图卡表示的含义，根据图片表示的意思做出正确的行为。

1. 能辨认常见的视觉提示图卡。
2. 能根据图卡做出正确的行为。

视觉提示图卡（安静坐、站直、举手等）

教师教学生认识常见的视觉提示图卡时，建议每次只学一张，本课只认识"安静坐"一张视觉提示图卡。新授时，"安静坐"视觉提示图卡的尺寸要大，建议用A3纸打印，学生熟练后可更改为小尺寸。视觉提示图卡的内容较单调，教师可结合有趣的游戏实施教学，学生在游戏中掌握正确的行为。

（一）学一学

教师活动	学生活动	设计意图
教师出示安静坐的图片，教师说出"安静坐"，并引导学生观察图片上的内容，如手放桌面，腰伸直等。	学生根据教师引导，学习"安静坐"视觉提示图卡的内容，手放桌面，腰伸直。	帮助学生理解图片所表达的含义和信息。

注意事项：

1. 选择图片时，教师应确保图片主题鲜明突出，背景干净简洁，避免过多的干扰元素。

2. 根据学生能力，可从真人图片再过渡到卡通人物图片，从具体到抽象，提升学生的识图能力。

教学建议

（二）练一练

教师活动	学生活动	设计意图
教师出示"安静坐"视觉提示卡，引导学生根据图片内容做出相应的动作。	学生做出"安静坐"的动作。	通过多次操作练习，学生更深入理解"安静坐"的具体做法。

注意事项：

1. 教师讲解图片时同步演示图片的动作。

2. 教师可将安静坐的图片贴在桌子上给学生视觉提示，帮助学生容易掌握"安静坐"正确行为。

3. 对于能力稍弱的学生，教师可给予语言提示、手势提示或动作协助等方式帮助学生理解视觉提示图卡的含义。

（三）比一比

教师活动	学生活动	设计意图
教师制作找安静坐图卡的游戏。	两个学生一起玩找安静坐图卡的游戏。	检验学生对图卡的掌握程度。

注意事项：

1. 游戏设计时，教师需要注意玩游戏的时长和次数，保持学生的学习的兴趣和新鲜感。

2. 每轮游戏只设置一种正确选项和一种错误选项，让学生更容易区分两种图卡，图卡在颜色、类别、形状等方面要有显著差异，这样有助于学生快速识别并作出正确选择。

3. 针对能力稍弱的学生，在游戏过程中教师可给予语言提示或动作协助。

（四）做一做

教师活动	学生活动	设计意图
教师指着黑板上坐好的图卡。	学生安静坐好。	在实际操作中加深对图片的理解和记忆。

注意事项:

1. 新授时黑板仅展示一张图片, 以便学生集中注意力, 深入理解和观察。

2. 建议教师在展示图片时, 用手指指着图卡, 减少其他干扰信息, 避免使用其他提示行为。

（五）泛化

教师把常见视觉提示卡携带在身上, 当需要提示学生做出正确行为时, 教师出示指定的视觉提示卡给学生看, 帮助学生做出正确行为。在公交车站、饭店等场所, 家长也可以拿出符合情境的视觉提示图卡, 引导学生遵守公共场所规则。

姓名		日期:			
	评价内容	完成情况			
		动作协助	口头提示	独立完成	其他协助方式
辨图	认识"安静坐"图卡的内容				
找图	能根据指令找到"安静坐"的图卡				
识图	能模仿做出"安静坐"图卡的动作				
备注: 完成情况中请用 1—3 表示完成情况, 其中其他协助方式可根据学生实际情况填写。 （1- 不需要; 2- 偶尔; 3- 经常）					

教学思路

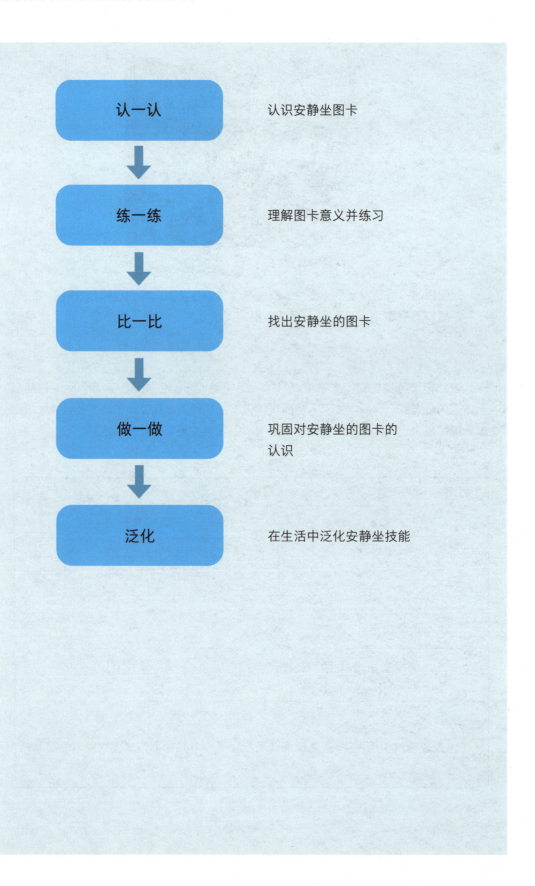

认一认	认识安静坐图卡
练一练	理解图卡意义并练习
比一比	找出安静坐的图卡
做一做	巩固对安静坐的图卡的认识
泛化	在生活中泛化安静坐技能

孤独症谱系障碍学生入学适应教育

主　编：尹润枝

副主编：安红妍　肖艳林　麦敏婷

编　委：林美伶　李　卉　罗润旺　熊润仪　吴琼芳　辛丽芳
　　　　刁玲玲　吴锦莹　杜文海　陈楚颖　麦　晓　王　鑫
　　　　左少平　王少欢　王晓雯　陈铭熙　蔡　艳　姬广路
　　　　王莹钰　刘玉贞　杨嘉英　莫金辉　任思华　刘晓芳
　　　　徐健儿　尹佩雯　唐邦发　文　娜　魏丽娟　邓棪芬
　　　　蔡淑娟　李润锋　许　璐　何启强　王士杰　王　攀
　　　　林伟仪　许敏婕　黎白阳

重庆大学出版社

图书在版编目（CIP）数据

孤独症谱系障碍学生入学适应教育：学生用书/尹
润枝主编. --重庆：重庆大学出版社，2024.10.
（特殊儿童教育康复指导手册）. --ISBN 978-7-5689-
4764-0

Ⅰ. G766

中国国家版本馆CIP数据核字第2024WZ9238号

孤独症谱系障碍学生入学适应教育
（学生用书）

GUDUZHENG PUXI ZHANG'AI XUESHENG RUXUE SHIYING JIAOYU
(XUESHENG YONGSHU)

主　编：尹润枝
策划编辑：陈　曦

责任编辑：陈　曦　　版式设计：陈　曦
责任校对：邹　忌　　责任印制：张　策

*

重庆大学出版社出版发行
出版人：陈晓阳
社址：重庆市沙坪坝区大学城西路21号
邮编：401331
电话：（023）88617190　88617185（中小学）
传真：（023）88617186　88617166
网址：http://www.cqup.com.cn
邮箱：fxk@cqup.com.cn（营销中心）
全国新华书店经销
重庆市国丰印务有限责任公司印刷

*

开本：889mm×1194mm　1/16　印张：15.25　字数：91千
2024年10月第1版　2024年10月第1次印刷
ISBN 978-7-5689-4764-0　定价：98.00元（共2册）

目录

社会适应

 一

1. 我会说"你好" / 4
2. 我会说"谢谢" / 9
3. 我会说"对不起" / 14
   单元小结 / 19

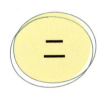 二

4. 我会看人 / 22
5. 我会等待 / 27
6. 我会排队 / 32
   单元小结 / 37

 三

7. 我会找人帮忙 / 40
8. 我会帮助别人 / 46
9. 我会合作 / 52
   单元小结 / 58

身心适应

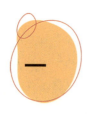

1. 我的班级 / 62
2. 我的饭堂 / 68
3. 我的宿舍 / 74
   单元小结 / 79

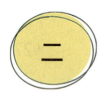

4. 我的老师 / 82
5. 我的同学 / 88
6. 我的保安 / 94
   单元小结 / 99

7. 我开心 / 102
8. 我会停止 / 107
9. 我会放松 / 112
   单元小结 / 117

一

1. 我会放水杯 / 122
2. 我会放书包 / 127
3. 我会找座位 / 132
单元小结 / 137

二

4. 我会站直 / 140
5. 我会找校服 / 145
6. 我会照镜子 / 150
单元小结 / 155

三

7. 我会用课程表 / 158
8. 我会喝水 / 164
9. 我会上厕所 / 169
单元小结 / 173

学习适应

一
1. 我会安静坐　　　　　　　/ 178
2. 我会注意听　　　　　　　/ 183
3. 我会认真看　　　　　　　/ 189
　 单元小结　　　　　　　　/ 195

二
4. 我会用笔　　　　　　　　/ 198
5. 我会找书　　　　　　　　/ 204
6. 我会整理书包　　　　　　/ 210
　 单元小结　　　　　　　　/ 215

三
7. 我会识数　　　　　　　　/ 218
8. 我会识字　　　　　　　　/ 224
9. 我会识图　　　　　　　　/ 230
　 单元小结　　　　　　　　/ 236

第一部分

社会适应

1 我会说"你好"

目标：1. 能表达"你好"。
　　　2. 能根据情境表达"你好"。

学一学

"你好！"

練一練

做一做

 评一评

 1

我学会了:

1. 表达"你好"。

2. 根据情境表达"你好"。

"谢谢！"

2 我会说"谢谢"

目标：1. 能表达"谢谢"。

　　　 2. 能根据情境表达"谢谢"。

学一学

2

"谢谢！"

做一做

2

11

 评一评

我学会了：

    1. 表达"谢谢"。

    2. 根据情境表达"谢谢"。

3 我会说"对不起"

目标：1. 能表达"对不起"。

2. 能根据情境表达"对不起"。

练一练

3

"对不起!"

 评一评

我学会了：

1. 表达"对不起"。　　😄　😄　😄

2. 根据情境表达"对不起"。　😄　😄　😄

单元小结

1. 我会说"你好"

2. 我会说"谢谢"

3. 我会说"对不起"

我学会了

4 我会看人

目标：1. 能听从指令看人。
2. 交流时能看对方的脸。

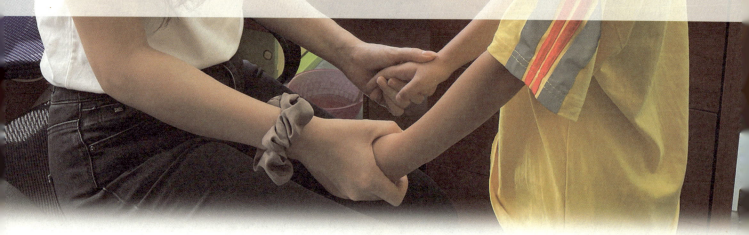

 练一练

做一做

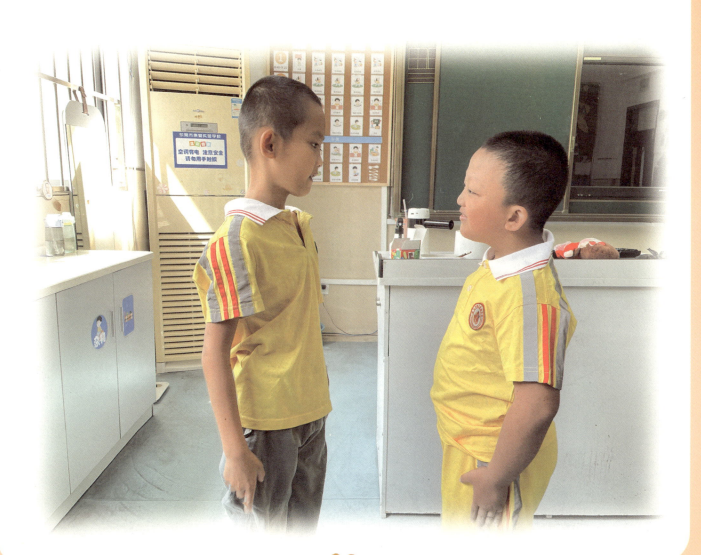

评一评

我学会了：

1. 听从指令看人。

2. 交流时看对方的脸。

4

5 我会等待

目标：1.能听从指令等待。
    2.在不同的情境中，学会等待。

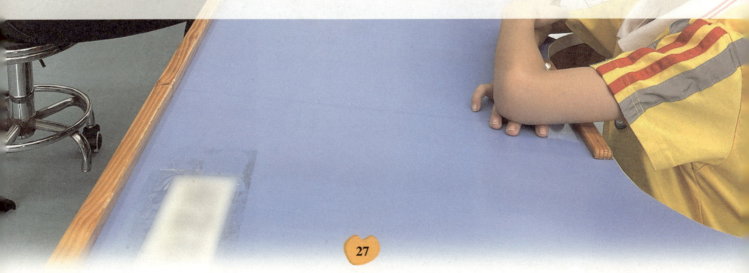

学一学

5

 做一做

 评一评

我学会了：

1. 听从指令等待。　　

2. 在不同的情境中等待。　

5

6 我会排队

目标：1. 能听从指令排队。

2. 在不同的情境中，学会主动排队。

学一学

练一练

6

 评一评

我学会了：

1. 听从指令排队。

2. 在不同的情境中主动排队。

单元小结

4. 我会看人

5. 我会等待

6. 我会排队

我学会了

三

我会找人帮忙

7　我会找人帮忙

目标：1. 遇到困难时，知道找人帮忙。
　　　2. 知道找人帮忙的方法。

学一学

认一认

7

练一练

做一做

 **评一评**

我学会了：

1. 当我遇到困难时，要找人帮助。　　

2. 找人帮忙的方法。　

8 我会帮助别人

目标：1. 能有帮助别人的意识。
　　　2. 能使用恰当的方式帮助别人。

练一练

8

帮助同学捡起橡皮擦

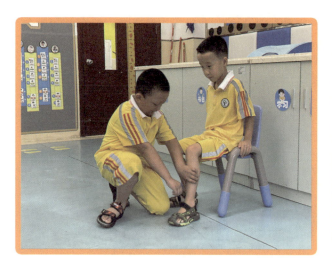

帮助同学粘鞋带

帮忙扶起同学

 评一评

我学会了：

    1. 有帮助别人的意识。　　　　

    2. 用恰当的方式帮助别人。　　　

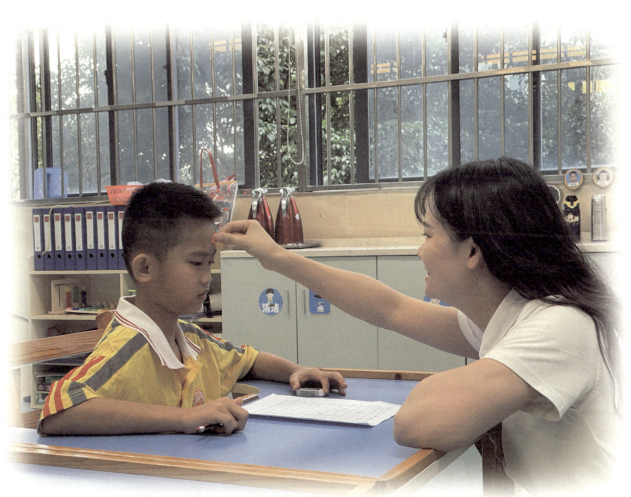

9 我会合作

目标：1. 能有合作的意识。
    2. 能与他人合作完成任务。

认一认

9

练一练

做一做

 **评一评**

我学会了：

1. 有合作的意识。

2. 与他人合作完成任务。

 单元小结

7. 我会找人帮忙

8. 我会帮助别人

9. 我会合作

我学会了

第二部分

身心适应

1 我的班级

目标：1. 能找到自己所在的班级。

2. 喜欢自己的班级。

学一学

 **评一评**

1

我学会了：

1. 找到自己的班级。　

2. 喜欢自己的班级。　

2　我的饭堂

目标：1. 能找到饭堂。

　　　2. 愿意在饭堂吃饭。

学一学

2

认一认

2

涂一涂

比一比

 评一评

我学会了：

1. 找到饭堂。　　😄　😄　😄

2. 愿意在饭堂吃饭。　😄　😄　😄

3 我的宿舍

目标: 1. 能找到自己的宿舍。
　　　 2. 愿意去宿舍睡觉。

学一学

比一比

 评一评

我学会了：

    1. 找到自己的宿舍。   😄

    2. 愿意去宿舍睡觉。   😄 😄

单元小结

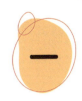

1. 我的班级

2. 我的饭堂

3. 我的宿舍

我学会了

4 我的老师

目标：1. 能认识班级的老师。

2. 愿意和班级的老师交往。

涂一涂

比一比

 **评一评**

我学会了：

1. 认识班级的老师。　　 😄　😄　😄

2. 愿意和班级的老师交往。　😄　😄　😄

5 我的同学

目标：1. 能认识班级的同学。
　　　2. 愿意和班级同学交往。

5

认一认

涂一涂

比一比

 评一评

我学会了：

    1. 认识班级的同学。   😊 😄 😄

    2. 愿意和班级同学交往。 😄 😊 😄

6　我的保安

目标：1. 能认识学校里的保安。
　　　2. 能尊敬学校里的保安。

学一学

比一比

6

评一评

我学会了：

1. 认识学校里的保安。

2. 尊敬学校里的保安。 😄 😄 😄

单元小结

4. 我的老师

5. 我的同学

6. 我的保安

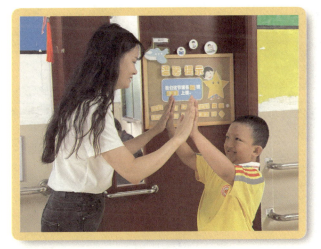

我学会了

三

7 我开心

目标：1. 能辨认开心的情绪。
2. 能表达开心。

7

7

评一评

我学会了：

1. 辨认开心。　　

2. 表达开心。　　

8　我会停止

目标：1. 能理解和听从停止的指令。

2. 在不同情境中，能停止正在做的事情。

学一学

练一练

做一做

8

110

 评一评

我学会了：

   1. 理解和听从停止的指令。

   2. 在不同情境中，停止正在做的事情。

9 我会放松

目标：1. 能理解放松的意思。

　　　2. 能选择恰当的放松方式。

看一看

 **评一评**

我学会了：

1. 理解放松的意思。　　

2. 选择恰当的放松方式。

 **单元小结**

7. 我开心

8. 我会停止

9. 我会放松

我学会了

第三部分

生活适应

1 我会放水杯

目标：1. 能辨认自己的水杯。
　　　2. 能把水杯放置在指定的位置。

认一认

拿一拿

放一放

1

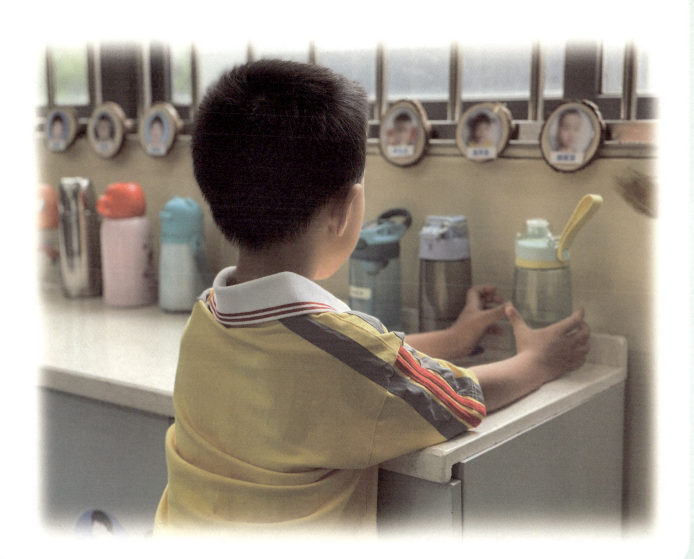

 评一评

我学会了：

1. 认识自己的水杯。　　

2. 把水杯放到指定位置。　

2 我会放书包

目标：1. 能辨认自己的书包。

2. 能把书包放到指定区域。

学一学

2

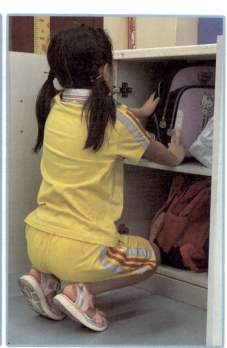

1. 解开书包　　2. 拿好书包　　3. 放下书包

练一练

做一做

按顺序，连一连

1. 解开书包

2. 拿好书包

3. 放下书包

 评一评

我学会了：

1. 认识自己的书包。　　

2. 把书包放到指定位置。　

3 我会找座位

目标：1. 能辨认自己的座位。

2. 能找到自己的座位并坐下。

学一学

认一认

练一练

评一评

我学会了：

1. 认识自己的座位。

2. 找到自己的座位并坐下。

 **单元小结**

1. 我会放水杯

2. 我会放书包

3. 我会找座位

我学会了

4 我会站直

目标：1. 能听从"站直"的指令。
2. 能保持正确的站姿。

学一学

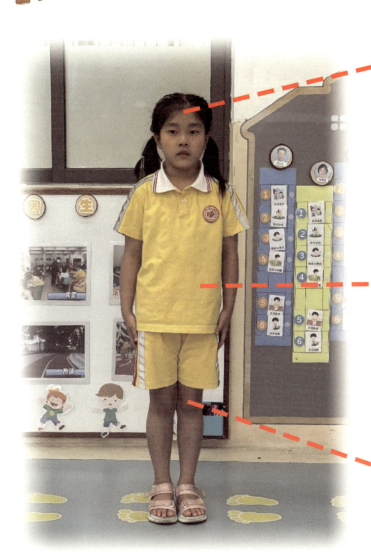

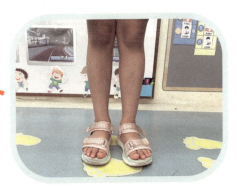

练一练

4

做一做

 评一评

 4

我学会了：

1. 听从"站直"的指令。 😄 😄 😄

2. 保持正确的站姿。 😄 😄 😄

144

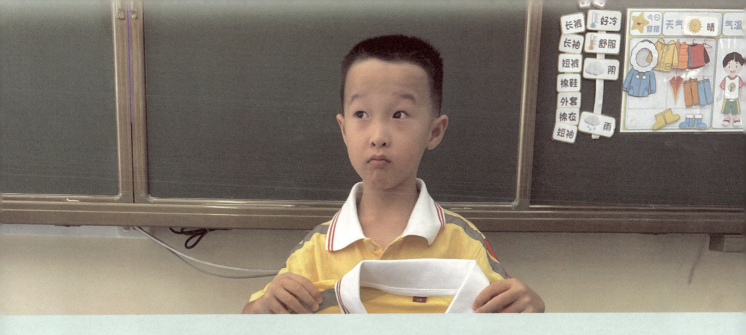

5 ## 我会找校服

目标：1. 能辨认校服。
2. 能找到自己的校服。

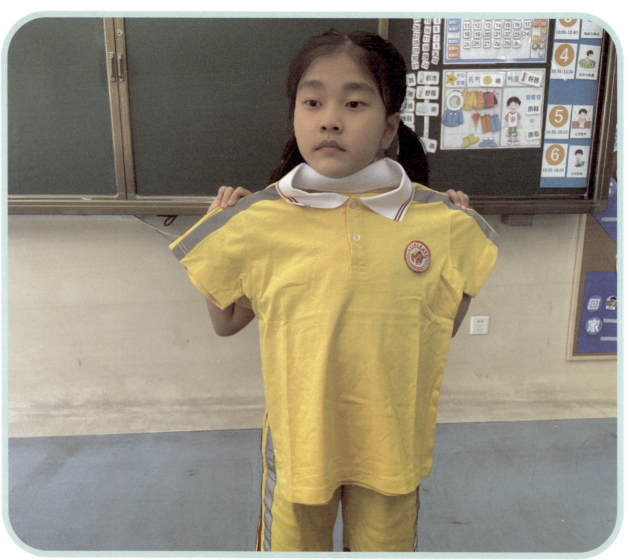

做一做

5

练一练

5

 评一评

我学会了：

1. 认识校服。　　　　😄

2. 找到自己的校服。　　😄　😄

 6 我会照镜子

目标：1. 学习照镜子。
　　　2. 能对着镜子把脸擦干净。

学一学

6

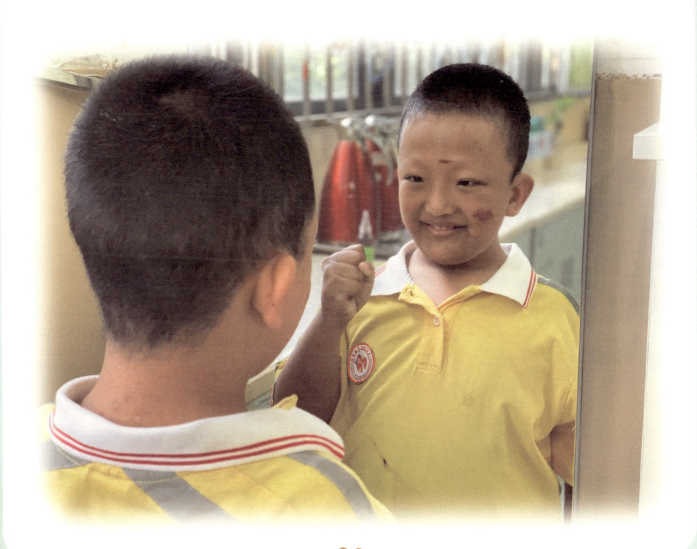

练一练

 评一评

我学会了：

　　1. 照镜子。　　　　　　

　　2. 对着镜子把脸擦干净。　

 单元小结

4. 我会站直

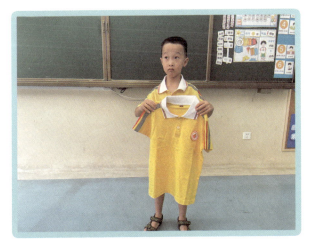

5. 我会找校服

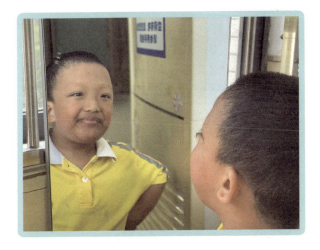

6. 我会照镜子

我学会了

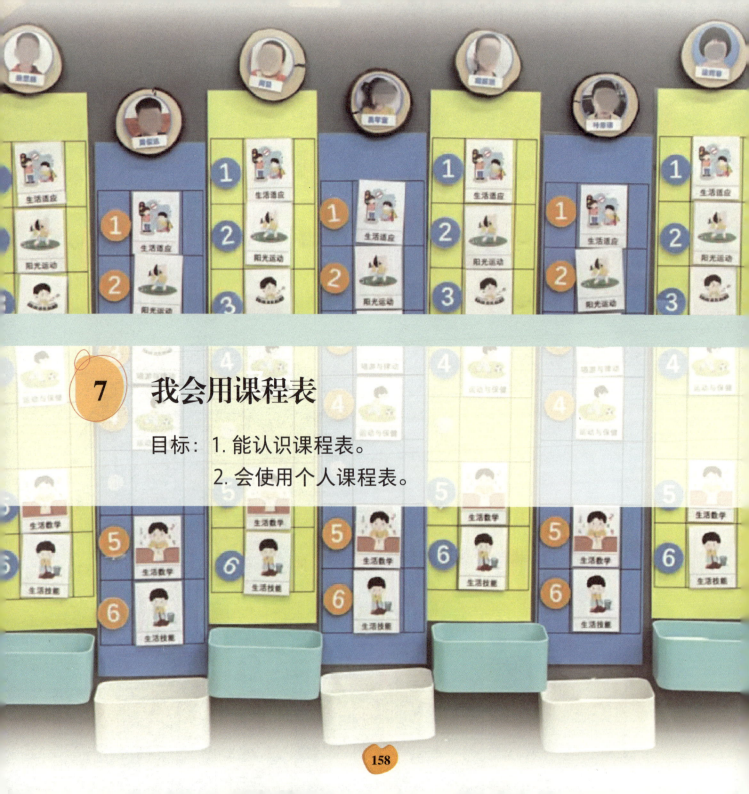

7 我会用课程表

目标：1. 能认识课程表。

2. 会使用个人课程表。

生活适应

升旗

绘本阅读

认一认

做一做

评一评

我学会了：

1. 认识课程表。　　　😄　😄　😄

2. 使用个人课程表。　😄　😄　😄

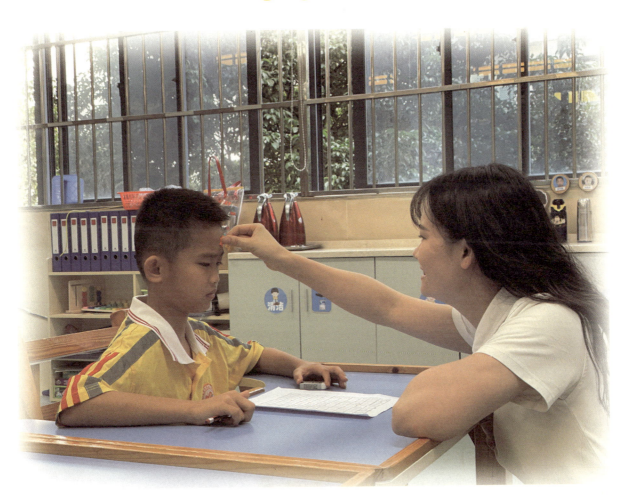

8 我会喝水

目标：1. 能找到自己的水杯。

2. 会使用水杯喝水。

认一认

练一练

 评一评

我学会了：

1. 找到自己的水杯。　

2. 用水杯喝水。　

9 我会上厕所

目标：1. 能辨认男女厕所。

2. 能独立上厕所，并做好便后清洁。

学一学

做一做

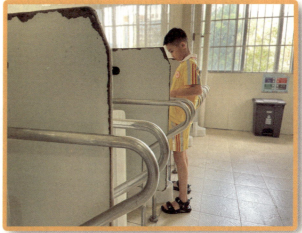

 评一评

我学会了：

1. 认识男女厕所。

2. 独立上厕所，并做好便后清洁。

 单元小结

7. 我会用课程表

8. 我会喝水

9. 我会上厕所

我学会了

第四部分

学习适应

1 我会安静坐

目标：1. 学习正确的坐姿。

　　　　2. 能安静坐 10 分钟。

学一学

練一練

做一做

 评一评

我学会了:

1. 坐好。

2. 安静坐 10 分钟。

2　我会注意听

目标：1. 听到自己的名字能作出回应。
　　　2. 能认真听课。

学一学

练一练

做一做

比一比

 评一评

2

我学会了：

1. 别人叫我时回应对方。　

2. 认真听课。　

3　我会认真看

目标： 1. 能看指定物品。

　　　　2. 能跟随看指定物品。

学一学

练一练

做一做

比一比

 评一评

我学会了：

1. 看指定物品。　　

2. 跟随看指定物品。　

 单元小结

1. 我会安静坐

2. 我会注意听

3. 我会认真看

我学会了

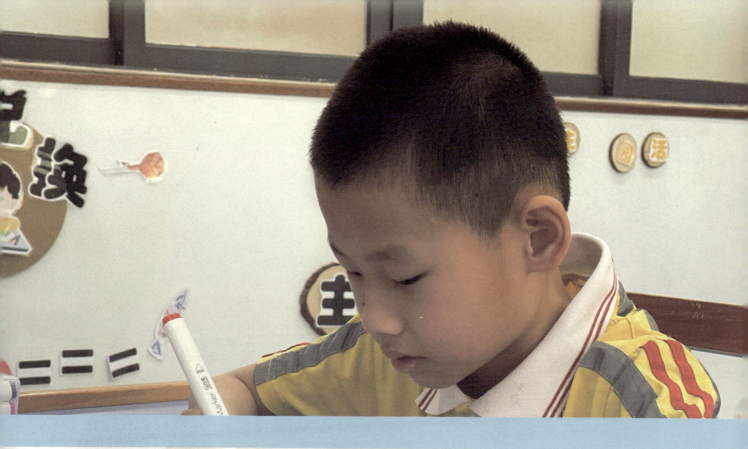

4 我会用笔

目标: 1. 学习握笔的方法。

2. 能用笔在纸上写字、画画。

涂一涂

4

描一描

写一写

我学会了：

1. 握笔。   😄 😄 😄

2. 在纸上写字、画画。   😄 😄 😄

5 我会找书

目标：1. 认识不同的课本。

2. 学习找出指定的课本。

学一学

5

练一练

做一做

找一找

評一評

我学会了：

1. 认识不同的课本。

2. 找出指定的课本。

5

6 我会整理书包

目标：1. 认识书包。
2. 学习整理书包。

生活数学

一年级

上册

学一学

练一练

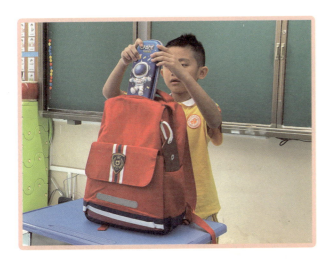

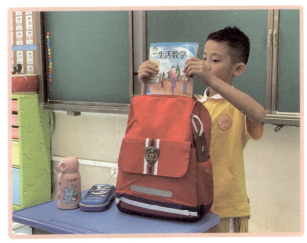

 评一评

我学会了：

1. 认识书包。　　😄　😄　😄

2. 整理书包。　　😄　😄　😄

 单元小结

4. 我会用笔

5. 我会找书

6. 我会整理书包

我学会了

三

天

我会识数

目标：1. 能认读数字。

2. 对数字感兴趣。

认一认

描一描

7

找一找

写一写

评一评

我学会了：

1. 会认读数字。 😄 😄 😄

2. 对数字感兴趣。 😄 😄 😄

8 我会识字

目标：1. 能认读常见的汉字。
　　　2. 对汉字感兴趣。

认一认

指一指

写一写

8

 **评一评**

我学会了：

    1. 认读常见的汉字。

    2. 对汉字感兴趣。

9　我会识图

目标：1. 能辨认常见的视觉提示图卡。

　　　2. 能根据图卡做出正确的行为。

练一练

做一做

评一评

我学会了：

1. 辨认常见的视觉提示图卡。

2. 根据图卡做出正确的行为。

单元小结

7. 我会识数

8. 我会识字

9. 我会识图

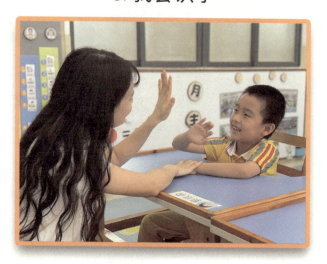

我学会了